U0042645

讀者太太解鎖跨文化婚姻

從兩個人相愛，到兩個世界相融的28個真心建議

THE TRUTH IS...

A MISGUIDE TO A SUCCESSFUL CROSS-CULTURAL MARRIAGE

MRS READER
讀者太太

Foreword

推薦序——從跨國婚姻看國際女力

我是國際獵頭Sandy。旅居海外二十二年的期間，我諮詢過數萬名跨國工作者，絕大多數人都會發展異國戀情或進入異國婚姻，學生也經常問我：「老師有沒有談過異國戀？」我都跟大家說我不適合異國戀，因為對我來說等於二十四小時都在跨國工作（笑）。

在臺灣土生土長的我們，可能受原生家庭或社會文化影響，臺灣女生大多扮演著「被寵的公主」角色，像男生要幫忙拿包包、剝蝦、按摩等等，都是常見的寵愛女伴舉動。然而當我們用這種互動模式與異國伴侶相處時，卻會感到某種「不公平」。

其實我剛去英國時交過一個泰國男友，在日本生活時也遇過一個韓國追求者。雖然一開始非常浪漫，但卻常為了一些小事發生衝突。例如當我感冒不舒服，對方會叫我喝冰水，他認為這是「為我好」；而我認為，外出用餐時兩人各點不同餐點，可以換著吃才是「疼女友」的體貼表現。許多像這樣的生活小細節，我們始終無法有交集。

我從小就自己一個人在異地打拚，因為思念臺灣，我很喜歡看臺灣鄉土劇、聽臺語歌，但異國伴侶似乎對這些「臺味」一無所知。我們雖然在一起，我卻感到很孤單。總之，這兩段異國緣分都因為種種有形無形的文化隔閡，最後無疾而終。

閱讀讀者太太的這本書讓我有很深的感觸。書中點出近來國際職涯趨勢強調的女性優勢——「跨文化溝通力」（Cross-cultural Communication）、「領導力」（Leadership）、「彈性應對」（Flexibility）等等，並將這些軟性技能應用在經營感情上，進而探討兩性平等的真諦。例如當你想得到另一半的平等對待，要先認知雙方都是平等地位，在對等的關係中，女性其實能活得更有自信。

相反的，我也看過許多嫁給日本人的女生為了融入對方國家文化而「過度付出」的案例。從女生「壽退職」（結婚離職）的那一天起，就為了老公和小孩煮三餐、目送出門、拿拖鞋、放熱水澡，全心全意付出自己的所有。但令人悲傷的是，當這段「不平等」的婚姻最後走上離婚一途時，由於女方沒有經濟能力，往往得不到孩子的監護權。

「我現在不能離婚，否則我會一無所有……」

「我現在不能離職，否則簽證會被取消……」

我認為這本書傳達了一個非常重要的觀點：不要為了愛情或工作而讓自己處於委曲求全的狀態。**所謂的異國婚姻，不是只有我愛你、你愛我，它的本質其實是經營一家跨國公司**。在這段過程中你很難「做自己」，不是用休閒時間看Netflix就可以輕輕鬆鬆融入對方文化，而是必須「加班」深入研究一間跨國公司的經營之道，裡頭有著各種關卡要一一克服。重點是以最適合自己的方式，擁有與另一半平起平坐的話語權，建立雙贏共好的合夥關係，做到**「既不用委屈自己，也無須附和他人」**。

我推薦這本書給所有對異國戀有憧憬、對海外工作有興趣，或遇到一段異國緣分的人，書中的大小章節提示了許多應觀察與研究的重點，好好運用便能更清楚知道該如何為自己與這段關係布局，也會更加幸福快樂。

國際獵頭、職涯規畫師／Sandy Su蘇盈如

Foreword

推薦序——異國婚姻的想像與現實

讀著讀者太太新書的晚上，美東正在下著入冬以來的第一場大雪。白雪從天而降，穿越枯枝殘葉，再經過路燈前閃呀閃地一束束飄下，最後靜靜地把整個世界變成一整片銀白色的畫面。那是在海島長大的我們，多麼嚮往的景象啊！

不過，真正在大雪冬天生活的人們卻有不同領悟。美麗的一幕背後，家家戶戶要開始煩惱明早的鏟雪工作誰負責？在極寒天氣又被雪蓋住的車，會不會有狀況？有小孩的媽媽群裡，訊息不停跳著，大家開始焦慮明天托兒所若不開門，怎麼辦？還有已經受疫情影響而嚴重遲緩的貨運，這下又要再延誤了嗎？

人們對異國婚姻的夢幻想像，有時就很像我們對雪景美好的投射。我們看到的「美麗一面」可能是充滿異國風情的生活方式、好萊塢式的浪漫婚禮、牙牙學語的可愛雙聲道混血寶寶；但另一面，異地生活可能是連看個病和吃頓道地臺灣小吃都不容易的辛酸、禮俗文化的不同與帳單分擔的問題、不同生長背景的父母怎麼在育兒價值觀上妥協……

讀者太太用自己十多年的英國婚姻之路跟我們娓娓道來。他從異國戀的眉角說起，再分享踏入婚姻的現實、異國大家庭相處的小細節、混血兒的親子教養經驗。

異國伴侶不吃「寵女友」這個套路，甚至不期待男方先有房有車才能論及婚嫁，背後的邏輯是什麼？異國戀遭遇的文化衝擊、父母壓力、離鄉背井的孤獨這三大障礙，怎麼克服？如何在試圖包容各種差異的親密關係中，呈現真實的自己？又怎麼在顧及對方感受的同時，守住自己的界線？以及幾乎所有異國戀都會遇到的難題——在遠離親友和舒適圈的陌生環境中，怎麼去轉換心境耐住寂寞？「為愛移民」後，人生與職涯如何砍掉重練？

與其說這是一本異國婚姻的指引，我覺得更像是讀著一位跟你一起在臺灣長大的老朋友，細細說著自己的心路歷程，分享感情經營經驗與生活小祕訣。然後，在讀者太太的字句中，又彷彿看到他在異國婚姻中反思、學會更愛自己進而愛人的自我察覺之路。

在下著雪的異國夜裡，像在書稿中看到在遠方微笑著的他，細聲地告訴我們：**想像很美，現實要靠自己一步步經營，我看見那個正在努力的你，我們一起加油！**

駐美記者／唐家婕

Foreword

推薦語

讀者太太是個很勇敢的女生，為了愛，去到那麼遙遠的國家、經歷了那麼不同的文化，很不簡單，也讓我很感動，是個非常棒的adventure！這本書寫到許多臺灣人與英國人在生活上不一樣的地方、男性在思維上不一樣的地方，真的讓我想到我跟我老公，我相信大家一定會喜歡！

Amy英國奶奶

這本書雖然以跨文化婚姻為名，但身為臺灣人妻的我看了也十分有感。

我跟先生的背景都來自臺灣，我們居住在英國十四年的期間，也一路摸索著英國的家庭文化來調整自己的觀念與步調，才能更融入當地生活。讀者太太將自己嫁到英國的經驗，以清晰有條理的方式解析戀愛、婚姻、育兒、職場女性等各面向，不僅分享了維繫婚姻的祕訣，也帶領讀者認識英國的社會風氣，更提醒我們：婚後需要磨合彼此，也別忘了要保有自己！

「人妻。倫敦。習作簿」版主／Ting

讀者太太在專欄上寫的人物專訪完整了許多海外工作者的成就，而這本新書必定也會完整許多異國婚姻關係。細膩、精闢的觀察與分析，讓也在英國生活多年的我恍然大悟且深感共鳴。無論你是異國婚姻還是同國婚姻，都能從這本書得到啓發。

臺灣首位駐英國倫敦模特兒／Wei Lin 林韋君

Preface

自序——異國婚姻不是好萊塢電影

記得大學時代有位同學非常嚮往異國戀，原因是外國人濃眉大眼，大部分又是說英文，和他們戀愛就像活在好萊塢電影裡。那時我很不以為然，不知是否因為大學讀的是社會系，我心裡一直覺得這是種文化霸權——西方男人遇到（他們以為的）溫柔婉約東方女子，展開一場好萊塢電影工業定義下的浪漫異國戀情。

言猶在耳，沒想到十多年過去，我不但談了異國戀，還修成正果成為英國人妻，更邁向結婚的第十一個年頭。這大概是人生最奇妙的地方，往往在最沒有計畫、最無心插柳的時候，安排了令人意想不到的發展。

這超過十年經營異國婚姻的英國人妻資歷，讓我有自信可以肯定地說：

異國婚姻不是文化霸權的複製，而是文化融合的過程；異國婚姻也不是好萊塢電影，因為婚姻本身就不是電影，婚姻生活充滿柴米油鹽，說是鄉土劇還比較適合。異國婚姻又多了跨文化這層需要突破的隔閡，更需要充分的耐心、理解、包容才能長久。

這些年在英國成家立業、落地生根的生活經驗，讓我學習到許多以前在臺灣從未親身經歷過的事，包括原來「天賦人權」不是只在高中課本看到的名詞，而是西方人根深柢固的價值觀，並在日常生活中以各種型態實踐，所以勞工動不動就走上街頭罷工，爭取自己的權利；婚姻關係中的男女也注重平等，沒有「男主外，女主內」這種觀念；甚至親子關係也一樣，英文裡沒有「孝順」這個字，因為父母與子女間只有平等而雙向的愛。

以前總聽人說外國人不加班，加班文化是亞洲獨有現象，因為西方人重視個人的時間。我搬到英國後發現不但雇主很難占到便宜，連親密的夫妻間都必須為對方留點私人時間。獨立性強一直是我們對西方人的普遍印象，這意味著他們也期待另一半能獨立自主，彼此過著互相扶持但不過分依賴對方的生活。

我經營自媒體和個人品牌超過八年，發現愈來愈多粉絲對異國戀甚至異國婚姻有憧憬，這引發了我想寫這本書的念頭，不是要戳破大家對異國戀的粉紅泡泡，而是希望透過我的生命經驗與生活體悟，帶大家一窺異國婚姻的真實面貌。異國婚姻雖然不是好萊塢電影，但還是可以贏得奧斯卡金像獎，只要男女主角都夠努力。

這本書獻給所有正在異國婚姻中或可能步入異國婚姻的人，不管你在性別的光譜是偏向哪一端，都希望你能從這本書得到一點解答或共鳴，這也是為什麼本書的第二人稱和第三人稱只有「你」和「他」，而不像傳統上刻意區分性別而有「你」／「妳」或「他」／「她」之分，目的就是要跳脫二元性別對立的框架。

更重要的是，之所以用「人」字邊的「你」和「他」取代有性別意識的「妳」和「她」，就是希望提醒所有正在閱讀這本書的女性，無論你是女友、太太或媽媽，扮演這些角色之餘，也別忘了自己作為一個「人」的基本需求與權利，包括追逐夢想的自由，以及為了實現理想而不輕易妥協的堅持。

讓我們一起加油！

Contents

目次

Chapter 2

In a Relationship

第2章　異國戀情中的眉眉角角

Chapter 3

Marriage Life

第3章　步入禮堂之後

Chapter 4

第4章 認識你的異國親家

The In-laws

Chapter 5

Raising Children

第5章　混血兒Hybrid教養法

Chapter 1

The Art of Dating

異國戀
約會指南

The Truth is...

A misguide to
a successful cross-cultural marriage

01

理想型到底是哪一型？

就在去年二〇二一年，我和英國籍老公讀者先生（Mr Reader）結婚滿十週年，邁向所謂的「錫婚」。

雖然與五十週年的「金婚」或二十五週年的「銀婚」還有一段距離，卻也算是我自己認定的人生成就之一，畢竟我的人生中還沒有任何一項工作做得比「當人妻」這件事還要久。這促使我寫下這本書，倒不是說認為自己是什麼異國婚姻專家，而是希望透過十多年來和一個英國男人相處的經驗，向大家分享一點維持異國婚姻的心得，更重要的是，和讀者們聊聊我的「英國人妻真心話」。

既然要說真心話，就從異國戀是怎樣看對眼開始說起吧！

英文裡有一句拒絕人的萬用語：「You are not my type」（你不是我的型），好用程度直逼「It's not you, it's me」（問題不是你，是我）。此話一出，被拒絕的那方只能默默接受，誰叫你不是心上人的理想型呢！不然就是禱告下輩子投胎投好一點，能剛好是心儀對象的type。

理想型到底是哪一型呢？

這是個很難回答的問題，完全是自由心證，非常抽象。有時是睫毛彎彎的弧度，有時是笑起來嘴角上揚的角度。對某些男人來說，是女方秀髮的長度，對某些女人來說，是男方髮線的高度，或者對某些男女來說，是對方口袋深到哪裡的程度……

總歸一句話：理想型沒有標準答案，完全看個人口味，這不僅適用於我們亞洲人，西方人也一樣。所以每當我聽到有人粗暴地用以偏概全的方式幫歐美男人的審美觀下注解，臉上除了三條線，心裡也覺得還是趕快和這種人劃清界線，因為對任何種族的「概化」（generalization）不只存在著歧視，更是沒有世界觀的表現。

和西方男性結為連理的知名東方女人中，有濃眉大眼的梁詠琪、五官立體的莫文蔚，也有東方味十足的胡婷婷，所以硬要說西方男人只喜歡外型上有某種特質的東方女性，似乎也找不出單一答案，因為青菜蘿蔔各有所好。

雖然從外型很難歸納出外國人的理想型，但打從我二〇一一年移民英國，經過長期的觀察，英國男人對於個性有以下兩個特點的女性較容易有好感：第一是獨立自主，有自己的想法；第二是興趣廣泛，最好有一技之長。

為什麼呢？因為物以類聚啊！有相同羽毛的鳥自然會聚在一起。

英國男人的擇偶關鍵

西方人從出生起就被教育要獨立自主。

嬰兒時期自己睡一張床，六個月大後被鼓勵自己進食，吃得滿頭滿臉也無所謂；四歲開始上小學後要有自己的想法，而不是人云亦云；成長過程中要學習自己打理生活中的一切，從整理房間到簡單烹調，大小家務事全都要學；有工作能力後更要財務獨立，滿十八歲就是成年人，絕不當依靠父母的伸手牌。

相對的，父母也不會期待子女拿錢回家孝敬他們，或自己年邁時要求子女負起照護責任。

這樣的模式與觀念在西方文化中已經根深柢固。當西方男性選擇對象，自然也傾向和有同樣背景的人交往，畢竟觀念上的「門當戶對」是現代人擇偶的必要條件，所以我把獨立性高列為英國男人理想型的第一要件。

而獨立又分為三個層面：心理獨立、經濟獨立、思想獨立。

心理獨立

先說心理層面。臺灣男生追女生時常見的「溫馨接送情」在英國不但十分罕見，如果男方沒有車或駕照，性別角色甚至倒過來，變成由女生接送男友。我必須承認，第一次看到英國女生接送男友時非常震撼，當時我剛來英國沒多久，腦中還停留在男人就該照顧女人的觀念，殊不知在講究兩性平等的英國，男女互相照顧才是真愛的表現。

而臺灣社會流行把女友寵成小公主的「寵女友文化」在英國也不是主流。「寵」（spoil）這個詞在英文中不但負面成分較大，也暗示著一方依賴另一方的不平等關係。

經濟獨立

從物質層面來看，英國社會並不期待男性要有房有車才能結婚，或才能有論及婚嫁的對象，比較常見的是，兩人若對未來有共識，會一起存錢買房購車。

而亞洲普遍的「男方買單文化」在英國也不是主流，只要雙方都有經濟能力，女生不會想依賴男生，男生也不會有幫女生付錢的壓力。

思想獨立

至於思想獨立，曾在英國讀過書的人都知道，英國教育主張思辨精神，老師在課堂上會不斷鼓勵學生發言或提問，因為學校不是一言堂，而是培養學生發展思辨能力的場所。英國人從小就被訓練要獨立思考，勇於表達自己的想法，不是老師的話就照單全收。

在這樣的文化脈絡下，和亞洲人相比，英國人比較不害怕挑戰權威或和別人有不同意見，許多產業包括我從事的行銷顧問業，更是經常鼓勵大家「跳脱思考框架」（think outside the box）。

所以，如果你的個性依賴性強，心理、經濟、思想層面都不夠獨立，想和英國男人交往會有比較多的挑戰。相反的，如果你本來就獨立慣了，經濟上不依賴任何人，也很有自己的想法，自然會比較接近英國人的理想型。

斜槓生活與思維

再說第二個會讓英國男人眼睛一亮的特質：興趣廣泛，最好有一技之長。

剛認識讀者先生時我就發現，他把單身王老五的生活過得有滋有味，除了正職是英文老師，還是專業的薩克斯風手，曾在人生不同階段加入多個樂團，於歐洲各國演出，累積多年表演經驗，還出了幾張專輯。

白天在大學教英文，下了課拎著薩克斯風去各地表演就是他的日常，有時週五下課後就跳上歐洲之星列車，從倫敦直奔巴黎演出也是常有的事。用現在的流行用語來說，他就是不折不扣的「斜槓」。

而他的好朋友也都有本業以外的一技之長：有人平日是工程師，假日是攝影師；有人正職是警察，不穿制服時會在酒吧彈吉他駐唱；有人平常是西裝筆挺、日理萬機的經理，下了班卻捲起袖子當畫家，動不動還開畫展。運動就更不用說了，在英國不分男女幾乎都有一、兩項擅長或熱中的體育項目。

看到他們把第二專長經營得有聲有色，引發了我也想好好發揮一技之長的念頭。尤其每次無論讀者先生心情再差，只要薩克斯風一到手中，就立刻沉浸在音樂的世界裡，忘了所有煩惱，更讓我下定決心要認真培養工作以外的嗜好。我移民英國後開始寫部落格，正是受到他的啓發。

定居英國超過十年，我認識的英國人幾乎都有隱藏版的一技之長，我認為這個現象之所以如此普遍，和他們講究「工作與生活平衡」（work-life balance）有著密切關係。

英國人很重視下班後的私人時間，除了和家人相處，也想好好培養嗜好與專長。英國幾乎沒有加班文化，不像許多亞洲國家上班族，加完班回到家已經筋疲力竭，除了睡覺什麼也做不了。英國上班族一般下午五點準時下班，有大把時間可以好好利用，培養幾個專長或嗜好就成了最順理成章的事。

這就像雞生蛋、蛋生雞一樣，很難說是因為不用加班催化了英國人培養第二專長的動力，還是大家都有第二專長，所以發展出準時下班的不加班文化。無論如何，擁有幾個熱愛的嗜好，並發展成工作以外的專長，除了讓生活變得豐富，也不會有多餘時間感到寂寞，能聚焦在如何琢磨技能、發揮更多創造力、獲得更大成就感等方面，進而在無形中得到心靈的富足。

以上是我對英國男人理想型的觀察，並分析其背後原因與文化。畢竟外表只是擇偶的其中一個條件，能否長久交往下去，個性才是最關鍵的。

Mrs Reader's Notes

讀者太太的人妻真心話筆記

◇英國男人的理想型從外表難以歸類，但獨立自主與興趣廣泛絕對能拉近你和他的距離。

◇英國社會不會期待男人要有房有車才能論及婚嫁，男女雙方一起存錢買房購車較常見。

◇臺灣社會的「寵女友文化」在英國較少見。「寵」（spoil）一詞在英文帶有負面意味，也暗示一方依賴另一方的不平等關係。

02

盤點！英國男人優點大公開（上）

結婚這麼多年，我還是時常被問到為何決定嫁給來自英國的讀者先生。這個問題很難回答，就像你問你媽當初為何嫁給你爸那樣，是會讓當事人一時間愣住的問題。

愛情來的時候就像龍捲風，快到沒有時間去分析，我覺得如果還有時間思考為何愛上對方，大概也不是真的愛。英文裡說戀愛是「掉進去」（fall in love）的，不是像下棋一般一邊思考一邊慢慢走過去，或是像攀岩那樣一邊努力一邊漸漸爬上去，而是「啪」的一聲突然跌進愛情的坑裡，如果一跌進去從此不想出來，結果就是住進婚姻這座愛情墳墓（大誤）。

好啦！玩笑到此為止，現在來認真回答這個大哉問。

根據我對讀者先生超過十年的觀察，加上和身邊英國男性友人互動的經驗，我發現英國男人有以下優點，雖然不代表所有英國男性，但至少來自中產階級家庭的英國男人大部分都有這些共同點，請看我的歸納：

【優點1】無所不在的幽默感

英式幽默舉世聞名，雖然很多時候身為外國人的我們聽不懂哏在哪，但英國人喜歡耍幽默是千真萬確的事實。幽默感不僅是生活中的調味料，更是避免尷尬或掩飾害羞的好方法。

不了解英國文化的人或許不知道英國人其實很害羞，尤其是英國男人，他們不習慣輕易表露真性情，通常以幽默來包裝自己。

相較於我們印象中的美國陽光男孩、法國浪漫情聖、義大利撩妹高手，英國男人不擅長直接示愛，因為「太直接」是英國文化裡的大禁忌，於是英國人練就了一身說笑話的好功夫，有時是虧自己，有時是損別人，總之，談話中穿插幾個笑話不僅能緩和氣氛，沒事笑一笑也有益健康，堪稱英國男人的優點第一名。

我剛開始和讀者先生交往時，有時動作比較慢讓他等，他不會直接催我，而是幽默地說：**「你慢慢來，反正只要讓我趕上下週一的火車就好。」**或是直接開始哼《聖誕鈴聲》（*Jingle Bells*），用迂迴的方式提醒我：動作再不快點，一年就要過去了。是不是很幽默、很討人喜歡呢？

我們的長子小龍包出生後，讀者先生在家中開玩笑的對象又多了一人。當小龍包懶得換臭襪子，他會非常誇張地說：**「你再不把臭襪子換掉，裡面的細菌就會自己長出腳走掉了！」**邊說邊擺出生動的表情和動作。這招非常有效，每次都讓小龍包一邊笑到差點缺氧，一邊乖乖把襪子換掉。

更重要的是，英國人通常對愈熟的人愈敢放膽開玩笑，如果英國男人開始對你發出強烈的「玩笑攻勢」，大概表示你在他心裡的分量愈來愈重哦！

【優點2】愛媽媽不怕人知

先聲明，這裡說的不是凡事聽從母親意見的媽寶，而是和媽媽非常親近。英國男人一般很重視家人關係，尤其和媽媽、奶奶甚至阿姨們非常親近，而且毫不在乎被別人知道，更不擔心會影響他們的「man度」。

結婚前我就發現讀者先生的家庭觀念非常重，我們穩定交往後，他立刻把我介紹給他的父母認識。平常聊天時也不難發現，他和身為他「教母」的阿姨感情也非常好，兩人經常互相拜訪。和媽媽、阿姨輩見面通電話，都是他的日常寫照，讓當時的我非常驚訝，一個單身男人有這麼細膩的一面，也是讓我對他產生好感的原因之一。

結婚後我更發現他每週至少和父母通兩次電話，每週也至少見一次面，有時是我們去公婆家吃飯，有時是公婆來我們家作客，這個家庭日對讀者家來說非常重要，不論我們工作多忙、行程多滿，一定會擠出家庭日的時間。

自從我公公幾年前去世後婆婆便獨自生活，讀者先生擔心母親太寂寞，改為每天打電話給母親，這對他來說是兒子應盡的義務。

與媽寶不同，英國男人和媽媽親近歸親近，卻不會凡事都聽媽媽的話，意見不合時會表達出來，甚至試圖矯正媽媽不正確或過時的想法，但並不會影響母子關係。

對英國人來說，愛一個人除了要時常表達關心，也要交流彼此想法，如果觀點不同，需要的是理性解釋，而不是情緒勒索或強迫對方服從。

【優點3】老實且忠誠度高

我認識的英國男人，從我老公到鄰居、朋友、同事、客戶，八成以上都非常老實，但不是像木頭般不會說笑話或不懂浪漫的木訥，而是一種誠實、講義氣、重承諾的品行，一旦他們信任一個人或喜歡某件東西，往往會一直老老實實地忠誠下去。

舉例來說，讀者先生的朋友們都認識超過二、三十年，每週五晚上約在固定酒吧碰面，多年來始終不變。他還有一樣讓我覺得不可思議的能力，就是每天吃一樣的早餐，甚至連品牌都一樣，數十年如一日。要是問他：「不會覺得無聊，想要變化嗎？」他的答案是：「Weetabix這種穀片很健康，為什麼要換？」

我公司裡的英國男同事們也有類似習慣，譬如和某個廠商合作慣了就會一直使用他們的服務，連對方拿翹漲價到比業界行情還高，也不願意換合作廠商，有種為了義氣當冤大頭的傾向。

這也造就了一個獨特的英國現象，許多服務業不但不會給老客戶優惠，反而每年調漲費用。最常見的是汽車保險這項民生產業，許多業者吃定了英國人忠誠度高的性格，每年需要續約時就來個獅子大開口，完全違反開車年資愈久，在沒有申請理賠的情況下，投保金額應該愈低的邏輯。好在近年來出現許多比價網站，車險即將到期時會自動幫消費者比較各家業者的費用，提供車主「變節」的機會，才不至於因為忠誠而吃虧。

這種特質在婚姻中是很基本的美德，但不表示英國就沒有會劈腿的渣男。這本書討論的是我個人觀察到的大多數現象，不能代表每一個英國男人，未婚女性在交往時還是要睜大眼睛仔細觀察。

【優點4】平凡實際的浪漫

只要對英國男人了解得深入一點，就會發現他們在矜持的外表下，其實是一群很浪漫的人，只是和臺灣人熟知的放煙火、看流星雨、送九百九十九朵玫瑰不同，通常是採用實際的方式來表現浪漫。

我剛移民到英國時，發現自己從臺灣帶來的行李中少帶了鞋子，讀者先生二話不說馬上帶我去shoe shopping，一天跑了很多地方專程買鞋子，而且當時我還沒找到工作，買鞋子的錢全部由他來買單；他也曾在我手機壞掉時直接把我拉到手機店，要我挑一支喜歡的手機讓他付錢。

這裡必須特別說明，英國的兩性平等意識高漲，如果不是特殊情況，男人沒有幫女性買單的習慣，除了家務上的共同開銷會一起負擔外，生活中的各自開銷大都是自己賺自己花（當然，適逢生日或重要日子互送禮物則是例外）。所以我剛到英國還沒有穩定工作時，這個雪中送炭的體貼行為讓我感到很窩心。

我定居英國後，一開始尚未考上駕照，讀者先生曾每天開車接送我上班；如果我晚上要出門，無論他再忙一定親自接送，原因是不放心我一個人夜間走在路上。我生完女兒小龍女後，他為了讓我坐月子調養身體，一個人擔起一打二的責任，照顧嫩嬰和當時六歲的兒子小龍包，足足長達一個月。

這些在日常生活中照顧我的種種表現，在我看來比任何刻意製造的驚喜都還浪漫，因為這是他對老婆用心思、花時間的證明。

//

【優點5】基本的社交技能

你是否有過攜伴參加派對，卻發現另一半太過木訥、不擅社交，導致你深怕對方感到無聊而不敢離開他一步的經驗？

如果你的伴侶是英國人或西方人，這種事大概不用擔心，他們從小接受的教育包括培養「人際互動能力」（interpersonal skills），大多很習慣在新環境和陌生人互動，不會扭扭捏捏想不出話題，或說出不合時宜的話，甚至變成句點王，而是十分懂得應對進退，即使在不熟悉的場子也不會局促不安。

我在臺灣時因為在公關公司工作，偶爾在假日會有活動，讀者先生參加過幾次都能自得其樂，無論是和我的同事互動，或是和我的客戶簡單聊幾句，對他來說都是非常自然的家常便飯，完全不需要我特地關照。

我移民英國後，偶爾和他一起參加臺灣人妻們的聚會，他也能迅速融入，讓我毫無後顧之憂，和臺灣太太朋友們用中文盡情聊天，不用擔心他是否會無聊。

Mrs Reader's Notes

讀者太太的人妻真心話筆記

◇ 英國男人大多幽默感十足，對愈熟的人愈敢開玩笑，如果你收到强烈的「玩笑攻勢」，就表示你在他心裡的分量很重。

◇ 英國男人普遍重視家庭，和母親保持良好關係，但絕非「媽寶」。

◇ 英國男人大致忠誠度高，喜歡上一樣東西或一個人就會認定很長一段時間。

◇ 英國男人的浪漫務實且平凡，並體現在生活細節中。

◇ 英國男人大多擅長社交，不會在陌生場合變成句點王。

03

盤點！英國男人優點大公開（下）

【優點6】尊重女性，擅長分擔家務

尊重女性這點乍聽之下可能有點像廢話，但仔細想想，即使在二十一世紀的現代，世界上還是有許多國家的整體社會風氣充滿著對女性不公平的角色期待，譬如認為照顧孩子和做家事是女人的責任、成為人妻後就該打扮得像「良家婦女」，這些刻板印象在英國男人眼中不僅是過時的想法，更是應糾正的錯誤觀念。

英國男人普遍尊重女性，和英國是女權主義發源地之一有關。二十世紀初，英國女權鬥士發起史上著名的「女性參政權」（Suffragette），為女性爭取到投票權；一九七〇年代，英國國會更通過兩個法案，明文規定男女同工同酬，職場中也不得對女性有歧視行為。

在這樣的歷史背景下，英國男人從小被教育兩性平等的思想，很早就懂得尊重女性。而體現在婚姻生活中，就是他們不會認為煮飯、洗衣服、帶孩子是女人的義務，一起負擔家務、共同承擔育兒責任是天經地義的事，更不是什麼需要表揚的美德。

也由於從小就習慣做家事，洗衣服、洗碗、打掃等基本家事都難不倒他們。雖然不是每個男人都能自己做出一桌好菜餵飽家人，但也不至於落到太太一不在家就餓死的地步。

許多英國男人更樂於當家中的掌廚者。在我們讀者家，讀者先生就是「大廚」。他的正職是老師，由於下班時間比我早，加上年輕時曾定居法國十年，略懂一些地中海料理的做法，結婚十年來幾乎都由他掌廚，讓我的臺灣姐妹們非常羨慕。其實這種以男性為大廚的型態，在許多英國家庭都是常態，英國男人也不會覺得是什麼了不起的事。

英國社會尊重女性的程度也可以從近年來的熱門話題——「政治正確」中

一窺究竟，無論在政壇或商界，愈來愈多組織重視內部性別結構是否平衡，並致力於提高女性擔任領導者或管理階級的比例，以拉近所謂的「性別薪資差距」（gender pay gap）。

【優點7】外表打理得宜

雖然不是每個英國男人都像貝克漢或裘德．洛那樣風姿颯爽，還有著絕世美顏，但大部分人的衣櫥裡都有幾套像樣的西裝和襯衫，不會T恤加牛仔褲走天下。講究一點的會準備和西服成套的西裝背心（waistcoat），搭配尖頭皮鞋和紳士帽，讓人覺得既考究又有品味。

講到西裝背心，不得不提英格蘭國家足球隊教練——蓋瑞斯．索斯蓋特（Gary Southgate），他本人就是西裝背心愛好者，每逢重要比賽都會穿上它，成為全場亮點。西裝背心儼然是蓋瑞斯的正字標記，別具品味的穿衣風格也曾在英國引領一股穿西裝背心的風潮。

即使是不愛打扮的英國男人，也會把自己打理得清爽得體，而且為了不讓人聞到「男人味」，止汗噴霧和止汗香膏絕對是浴室中的必備品，每天出門前噴兩下，乾淨、沒有異味是修飾自己的重點。畢竟顏值是天生注定、身材是靠後天努力，但維持整潔的外表只要有心就做得到，而且能為形象加分，何樂不為？

前一節提到英國男人的浪漫比較實際，我覺得也可以呼應到這個優點。隨時保持清爽得體的外表，讓另一半賞心悅目，也稱得上是一種浪漫的表現。

【優點8】為人有禮，謙虛低調

英國男人以紳士風度聞名於世，其有禮貌可以從「排隊文化」（queuing up）看出端倪。在大部分沒有排隊習慣的歐洲國家中，英國男人願意乖乖排成一列等待進入車廂，在酒吧買酒也能發展出所謂的「隱形隊伍」（invisible queue），讓先到的人先點酒，不任意插隊，成為西方社會中難得一見的優點，也是英國男人帶給外界好印象的原因之一。

除了排隊以外，英國男人從小被當成紳士在訓練，會主動幫女性開門、提重物，遇到狹窄的路或進電梯前，「你請先」（After you）更如家常便飯般天天掛在嘴邊，是不是很容易讓初次見面的人留下好印象呢？

或許是有禮貌的延伸，也可能是骨子裡就欣賞含蓄的美，英國人基本上是很謙虛低調的民族，很少見到他們自吹自擂，或高調宣傳自己的豐功偉業。他們認為老王賣瓜不是件有格調的事，透過別人的推薦才是真正的出類拔萃。即使在職場上偶爾需要強調自己的優點（譬如參加工作面試），也會用非常謙虛的方式，深怕被誤認為「自我感覺良好」。

反映在兩性關係裡，英國男人比較不熱中於高調曬恩愛或公開示愛。他們覺得愛情裡的互動是屬於兩人間的私事，不需要靠向外展示來證明彼此的愛。如果你有一位英國伴侶，想在社群媒體上放閃前最好徵求他的同意，否則放閃都還來不及，就先產生不必要的誤會，豈不是划不來嗎？

【優點9】容易滿足

我移居英國超過十年，很大的感觸就是許多英國人似乎都對名牌比較無感。譬如去到位於牛津附近的比斯特購物村（Bicester Village），放眼望去九成都是亞洲面孔，這座號稱全歐洲最大的名牌暢貨中心，對許多亞洲人來說是旅遊英國的必訪重點，但我身邊的英國朋友或同事卻很少人去過。

我仔細思考過為何英國人普遍對名牌的追求慾望不像亞洲人那麼高，一個可能的解答是：很大一部分比例的西方人都有培養嗜好或一技之長的習慣，花較多時間在追求精神生活的富足，而精神世界得到滿足後，物質慾望自然會降低，不需要名牌加持也很容易滿足。譬如英國男人雖然也愛車，但買車是為了代步，而且在油價相對高的英國，許多人心中的首選是省油的小車，而不是看起來氣派豪華的雙B轎車。

移民英國這麼多年，我觀察英國男人的理想生活大概是這樣的：有一份自己喜歡的工作、一間帶花園的獨棟房子、一輛性能好又耐用的車、一年至少一次的海灘假期、偶爾去現場看自己支持的隊伍球賽、有空就到自己喜歡的酒吧、吃頓飽足的烤肉大餐（roast dinner）、喝好喝的現榨啤酒，那人生就差不多無懈可擊了。

物質上很容易滿足的英國男人，是不是也讓你覺得質樸可愛呢？

【優點10】熱愛戶外運動

我嫁給讀者先生以前已經知道他是個足球迷，也會定期和球友打我永遠看不懂規則，隨便一打還是六小時起跳的板球（cricket）。

但結婚後才發現他喜歡的運動根本不只這兩項，有英式橄欖球（rugby）、網球、撞球、高爾夫、拳擊、賽車、自行車、田徑……幾乎所有在歐洲流行、電視上會轉播的體育賽事都會追。光是在電視上關注這些運動項目就夠忙了，更不要說偶爾還會去現場看比賽！

我們的長子小龍包出生後，一歲半跟著讀者先生踢足球、三歲會游泳、四歲會騎腳踏車、五歲開始打拳擊，完全繼承爸爸的運動細胞。而他們父子倆最愛的假日休閒活動是一起去野外騎車探險，或是去住家附近球場踢足球或打板球（我想讀者先生應該很開心家裡終於有人和他一樣看得懂板球的規則了）。

這種非常健康的生活型態，幾乎是我認識的英國男人的日常寫照。

男人有運動習慣真的很重要，除了維持體態，也是對自己健康負責的表現。如果曾在倫敦搭過地鐵，一定會對英國男性上班族西裝筆挺的好身材留下印象，而他們之所以普遍身材勻稱，或許也和熱愛運動有關。

其實我覺得無論男女都應該要有喜歡的運動，運動不僅有益身心健康，對大腦思考也有幫助，畢竟想在球場上得分，也需要在腦中演練各種球類運動的複雜規則才能致勝。

以上盤點這麼多英國男人的優點，不是要推還沒結婚的姐妹入坑，只是分享我在英國超過十年的觀察，但也要先聲明，並不代表每個英國男人都是如此，只是大部分我認識的人是這樣。

奉勸所有正在和外籍男士交往的姐妹們，結婚和投資一樣有賺有賠，購買投資產品前要詳閱公開說明書，結婚前也請先用心觀察。

Mrs Reader's Notes

讀者太太的人妻真心話筆記

◊ 英國男人大部分會做菜，也深知分擔家務與育兒責任的重要性。

◊ 英國男人大多會打理外表，就算稱不上型男也會保持乾淨整潔。

◊ 英國男人較不熱中高調曬恩愛，想在社群媒體上放閃前最好先徵求對方同意。

◊ 英國男人的典型理想人生和以下幾件事有關：有喜歡的工作、有房有車、海灘假期、酒吧、足球、烤肉大餐、啤酒。

◊ 英國男人多為運動控，一年到頭有追不完的體育賽事。

04

約會須知

英國同事S最近剛和男友分手，開始使用交友App——Tinder，進入約會的「人肉市場」，看看能否找到真愛。

說人肉市場一點也不為過，用Tinder認識約會對象在英國十分普遍，大家打開App後就開始「以貌取人」：如果不喜歡眼前對象就直接按叉，懶到不想按就往左滑，一樣可以達到目的；相反的，如果對某人有好感就按下愛心，或手指輕輕向右滑，表示他是你的Mr Right！

別看我講得一副好像是愛用者的樣子，其實我根本沒有下載Tinder，因為已婚婦女完全不需要用到，但辦公室裡實在太多同事在使用了，包括S。

幾位單身女同事時常和我分享在Tinder遇到的奇葩，譬如照片沒有露臉，只露出身體的一部分，就表示其實已婚想搞外遇；許多人檔案看起來很正常，但時常傳奇怪的簡訊，內容讓人敬謝不敏。我也有不少英國女性朋友使用Tinder後得到負面經驗，放棄在人肉市場尋找真命天子，尤其是條件愈優秀的女生愈不想浪費時間在這種App上。

事實上根據統計，英國的Tinder使用者有四二%是非單身身分，其中三〇%已經結婚，一二%已有伴侶。難怪我的英國同事們都碰到爛桃花，畢竟四二%的比例真的有點高。

當然，Tinder也不是完全沒有貢獻，我們辦公室裡就有兩位同事在Tinder找到真愛，一位在兩年前結婚，另一位即將在今年步入禮堂，看來還是和個人運氣有關。

即使Tinder使用者超過四成偽裝單身，風險較高，但不能否認的是，網路交友已經成為現代年輕男女認識另一半的主要管道之一，奉勸所有在英國使用Tinder的姐妹們，尋覓真愛的過程中一定要多留一份心。

一般來說，在Tinder配對成功後，下一步就是馬上約出來見面。這雖然是件值得令人興奮的事，但西方國家的文化背景和我們不同，有些約會習慣也不太一樣，以下透過我的經驗與觀察，歸納出三件和英國男人約會需要特別注意的事：

到底該由誰來付錢？

英國人是個非常忌諱談錢的民族，譬如薪水這件事，大家一定是極度保密，也是一般人聊天時的大禁忌，不像在華人社會被問「賺多少錢」很稀鬆平常，尤其是逢年過節，這個問題絕對榮登「長輩必問排行榜」第一名！

到了不得不談錢的時候，譬如出門吃飯要結帳，英國人會用幽默的方式包裝這個敏感話題，像是用誇張語氣問：**「損失是多少？」**（What's the damage?）然後再付錢。似乎只要開個小玩笑再談錢，就比較沒那麼尷尬。

要注意的是，英國是個女權意識高漲的國家，男性如果搶著付錢，不但不會被女方稱讚有禮貌，甚至會被視為不尊重女性、矮化女性，因此儘管他們凡事「女士優先」（Lady first），但付錢時還是AA制較為普遍。

這點和亞洲文化略有不同。如果你習慣約會時由男方買單，和英國人或大多數西方人交往時就需要調整一下。如果覺得付錢時一人出一半太麻煩，也可以用輪流付錢的方式來處理，假設這次由男方出錢，下次女方就回請。總之不要有對方應該付錢的預設，一人一半，感情才不會散哦！

應該約在哪裡見面？

在臺灣，約會地點通常是餐廳、咖啡廳或酒吧，比較少直接約在家裡；而在英國，除了前幾次約會雙方還不熟時會約在外面，如果已經對彼此熟到一定程度，約在家裡還滿稀鬆平常的。尤其英國男人會烹飪的比例非常高，在家料理美食招待朋友是很普遍的事。

英國除了倫敦地區的房價較高，其他地區的房價多半在一般人可以負擔的範圍內，這也造成英國人的購屋比例頗高。所以到男方家約會還有個好處，就是可以從購屋地點、家中擺設、菜色安排等細節，更全面了解他的生活習慣、經濟情況、個人品味。這些條件比較難在平時聊天中一窺究竟，然而一旦到了家中就會具體呈現出來，也不失為一個能在心裡偷偷打分數的好機會。

當年我還在和讀者先生約會時，第一次去到他家就對他留下很好的印象。我沒想到他作為一個單身王老五兼音樂人，竟然能把家裡打理得如此整齊，而且無論擺飾或壁畫全都是他親自挑選的文青風單品，每件東西背後都有一個故事，讓我覺得這個男人很懂得生活，和他在一起永遠不會無聊。

更重要的是，他竟然擅長烹調，這對當時還只會煮泡麵的我來說根本是天上掉下來的禮物。而事實也證明，我們結婚後他就一直身兼大廚的重任，一年一度最重要的聖誕大餐也是由他一手包辦，可說是相當「賢慧」。

此外，英國人非常注重隱私，如果一個英國男人願意邀請你到他家，表示你在他心中已經有了一定地位。當然，這裡討論的是「想認真經營一段關係」的男性，而不是意圖不軌或追求一夜情的男人。

最後也提醒大家，不論在臺灣或英國，女性隻身前往男性家裡時不可掉以輕心，除了告知親人朋友自己的去向，更不要在還不夠了解對方時就答應赴約。而且話說回來，第一次約會就把人約到家裡的男人，你大概也可以在心裡打個大叉了。

下次約會由誰提出？

如果第一次約會彼此感覺都不錯，下次約會該由誰來開口呢？

這個問題沒有標準答案。就像上一點提到的，英國兩性平權意識較高，不會有女性就該比較矜持的觀念，也不會有男人就該主動的刻板印象。只要彼此看對眼，大概會有個默契存在，不管由誰提出下次約會的邀約，都像水到渠成般自然，大方做自己就對了！

你可能會接著想問：「那如果女生想主動提出下一次約會，要找什麼理由比較自然呢？」我個人認為，只要掌握英國男人的興趣，提出以下三種建議，基本上不太會被打槍，對方甚至會覺得你很融入英國社會：

一起去看運動賽事

英國男人大多熱愛運動，而且有看體育賽事的習慣，舉凡足球、板球、網球、曲棍球、英式橄欖球，還有讓腎上腺素上升的F1賽車，都是非常熱門的賽事。

如果你能用心觀察到他支持哪一支球隊，在有重要比賽時提出一起去現場看球賽的邀約，絕對能讓戀情快速升温。

一起去看現場表演

約會相約看電影不稀奇，相約看現場表演才夠英式！

英國人喜歡看現場表演，無論是喜劇演員的脫口秀、音樂演奏會或演唱會、主題有趣的現場講座，還是舞臺張力十足的音樂劇，都是他們相當熱中的休閒活動。

試著去了解他喜歡的喜劇演員是誰、關心哪些話題的講座，還是其實他愛的是音樂或戲劇，再投其所好提出邀約，相信對方不但能感受到你的用心，更會驚訝於你對英國文化的了解程度。

一起上酒吧小酌

如果你還來不及觀察他喜歡哪些運動或現場演出，或是希望約會時能多和對方聊天，約他上酒吧就對了！英國男人愛上酒吧是第二天性，幾乎不會有人拒絕這個邀請。

但也不是說隨便找就好，畢竟在這個酒吧密度比 7-Eleven 在臺灣的密度還高的國家，挑酒吧也是一門學問。事先研究他喜歡哪間釀酒廠的酒、哪種裝潢風格的店面，提出邀約時說：「我知道你喜歡這間酒廠釀的啤酒」、「我發現一間風格類似你品味的酒吧」，相信一定會更深得對方的心。

如果遇到約會強暴？

說到約會，就不能不談女生都該注意的「約會强暴」，尤其近年來和網友見面而遭到約會强暴的社會新聞時有所聞，不能不多加注意。

記得我二十幾歲剛出社會就經常被我媽提醒，出去玩千萬不要喝陌生人給的飲料。當時覺得媽媽很古板，也認為自己二十多歲不是小孩子，應該有能力辨別誰是好人誰是壞人，但現在回想起來，還好有聽媽媽的話，所以沒有遇過什麼恐怖的事。

轉眼間十幾年過去，現在網路交友更發達，約會强暴事件更多，輪到我提醒年輕妹子們，和網路上認識的陌生男子單獨約會一定要格外小心，絕對要約在公共場所，也不要喝來路不明的飲料，如果飲料還沒喝完，中途去上廁所，回來就不要再喝那杯飲料了，因為誰也不知道有沒有被下藥！可能有人會覺得我很像老派的阿姨，但我覺得防人之心不可無，尤其是涉世未深的年輕妹子們，寧可多留一份心也不要造成遺憾。

當你來到英國和不熟的男子單獨去酒吧約會，還有個自保方法，這裡分享給大家。

英國酒吧的女廁通常會貼著一張傳單，主題是教女性朋友如何自救，而之所以只出現在女廁，就是避免被男生看見這個自救機制的「暗語」。這個自救機制適用於以下幾種情況：

- 你發現約會對象怪怪的，或開始說一些讓人不舒服的話。
- 你和約會對象是在網路交友軟體認識，但對方本人和網路上不大相同，甚至完全是另外一個人。
- 你感覺這個約會很難進行下去，卻不知道該怎麼結束。

● 你感覺身處在一個危險的情境，卻又想不出辦法抽身。

如果發生以上情形，礙於不想激怒對方，或已經多次表明想離開但對方不同意，你可以走到吧檯前，向工作人員說：

—— Ask for Angela.
（我想找 Angela。）

這是一句求救暗號，只要這麼說，吧檯工作人員會立刻理解你遇上麻煩，心照不宣地默默幫你叫計程車，協助你閃人。英國的約會強暴事件愈來愈多，不熟悉當地社會文化的亞洲女性尤其要注意，而這個貼心的設計成為所有女性的福音。

文化背景的不同雖然多少會造成文化差異，但人與人相處的基礎是一顆真誠的心，這點是不分文化、無關國籍的。只要花點時間用心觀察，就能感受到對方是認真的，還是只是在尋找 friends with benefits（炮友）。

Mrs Reader's Notes

讀者太太的人妻真心話筆記

◇英國流行 Tinder 交友，也讓不少有情人終成眷屬；但四二%使用者為非單身，使用時請多留一份心。

◇和英國男人約會的開銷多為各付各的或輪流買單。

◇和英國男人有一定程度了解後，到男方家約會是個能觀察他的大好機會，但還是要記得保護自己。

◇女生可以主動提出下次約會邀約，常見約會行程包括看球賽、看表演、上酒吧小酌。

◇想避免約會強暴，可以講暗號「Ask for Angela」請酒吧人員幫助你。

05

關於CCR的汙名化

異國戀，是超越國境、橫跨文化的愛情。

天真浪漫的人覺得它美得像童話，畢竟和金髮碧眼、五官深邃、充滿異國風情的人交往，時常有種在演美劇的幻覺；而小心翼翼的人則覺得它陷阱重重，因為和一個來自十萬八千里的外國人談戀愛，不了解文化、背景，很可能受騙上當。

但無論是哪一種，其實都是局外人對異國戀的刻板印象。

如果你正在和外國人談戀愛，那麼讓你最有感的大概就是「CCR」或「ㄈㄈ尺」這個名詞吧！這個由臺灣網路鄉民所發明、帶有負面意義的用語，是最多異國戀當事人會被貼上的標籤。

CCR全名為Cross Cultural Romance，亦即跨文化異國戀愛，指的是不同國家、種族間的戀情，也就是所謂的異國戀，而這個名詞的出現要追溯於PTT中一個名為「CCRomance」的板，裡面的討論內容是臺灣女生和外國男友交往的經驗。

至於ㄈㄈ尺一詞也是PTT用語，起源自「八卦板」的鄉民，用來嘲諷在CCR板上透露出崇洋媚外之情的臺灣女生。

作為CCR修成正果的資深英國人妻，我同意現實生活中的確有一群亞洲女生非常嚮往和外國人，尤其是和西方人交往，總覺得「外國的月亮比較圓」。有些女生的出國留學或打工度假簽證到期後，為了取得簽證繼續留在國外，專門找外國男子約會，想靠肉體或美色發展企圖不正當的異國戀。

但我認為，那只是少數觀念偏差的人，如果因此將所有和外國人交往的臺灣女生貼上ㄈㄈ尺的標籤，實在有失公平。因此我一直很想寫一篇我對CCR的想法，分析為何華人社會似乎特別針對異國戀「另眼看待」，甚至「放大檢視」。現在既然出了這本談異國婚姻的書，我就利用這一節來好好談談我的觀點吧！

關於歧視

首先，我認為這種針對不同種族而產生的言論本身就充滿了歧視。「歧視」的定義，一般是指針對某個族群產生的偏見，尤其是種族、年齡、性別等生理特徵所造成的刻板印象，使得來自這個族群的所有成員全都受到不公平的待遇。

而ㄈㄈ尺一詞歧視的對象不是身為其他種族的外國人，而是與外國人交往的臺灣女性。在我看來，**ㄈㄈ尺比傳統概念的歧視更糟糕，它是一種同胞間的歧視，不但是不團結與落伍的象徵，更是一種社會的集體精神霸凌現象，早就應該禁止。**

再來，目前我們生活在一個無論出國旅行、留學讀書或海外就業都非常普遍的時代，國際間的交流時時刻刻在發生，「認識外國人」早已不是什麼罕見的事，即使如此，臺灣人全球化的普遍程度和歐美國家相比，還是有一段不小的落差。

從數字來看，二〇一九年居住在臺灣的外籍人口數大約七十九萬，占全臺灣人口的三％，但同年定居在英國的外籍人口數則高達六百二十萬，占全英國人口的九％。由此可見英國的外國人比例是臺灣的整整三倍。

這些外國人除了主要聚集在倫敦，也遍布英國各地。譬如我們家是在英格蘭中部一個距離倫敦約一小時車程的城市，我兒子小龍包就讀的當地小學中，一個三十位小朋友的班級裡，雙親中至少有一方是外國籍的比例，竟然比雙親都是純種英國人的比例還高。他們從小就對「看到外國人」這件事司空見慣，也非常習慣和外國人互動，自然不會對異國戀情和異國婚姻大驚小怪，或貼上任何標籤。

也由於這樣的社會背景，英國政府相當看重各種族的平等，立法保障所有族群平等，也要求公民尊重族群的多元性。

近幾年英國政府大力提倡的「平等權」（Equal Opportunity），就是根據《平等法案》（*The Equality Act*）強調平等權的九大指標，包括年齡、性別、種族、肢體障礙、懷孕與否、婚姻狀況、性取向、性別認同、宗教背景，應皆為平等，無論你屬於哪個族群，在英國都有相同機會，其他族群不得有歧視行為。

目前，平等權幾乎可說是英國社會最重要的政治正確。舉凡政治人物、學術巨擘、影視明星等公眾人物，無論有意或無意，如果言行中表達出違反平等權的傾向，往往會被大眾用放大鏡審視，更會造成他們被所屬領域淘汰。這個大忌誰也不敢輕忽，在「取消文化」盛行的今日，除了公眾人物擔心會因此「被取消」，一般人也不例外，尤其在公部門或學術機構工作的人更要特別小心，否則踩到紅線的下場，很可能是「被辭職」。

長期在英國社會氛圍的耳濡目染下，現在的我看到關於仇視CCR的言論或ㄈㄈ尺的指控，覺得非常不可思議。這不但是不公平的概化，是上述「對同胞的歧視」，更凸顯了跟不上國際趨勢的現況，令我為臺灣感到擔憂，更為臺灣的下一代憂心。

〃語言潛藏的負面心理

我也想藉由心理學的觀點來分析這種語言霸凌背後的動機。我認為會說出這種言論的人不外乎出自兩種心態，一種是「酸葡萄」心理，另一種是自卑心搞的鬼。

前者大多源自嫉妒心作祟，可能自己也很想來場異國戀卻苦無機會，在鬱悶心情催化下，只好「吃不到葡萄說葡萄酸」，批評那些和外國人交往的臺灣女生都是崇洋媚外的ㄈㄈ尺。

後者則和自卑心有關。譬如臺灣部分男性族群特別仇視和老外交往的臺灣女性，總是使用鄙俗的用語來形容這些女生，像「喜歡洋腸」、「愛吃西餐」、「口味很重」。這些聚焦在外國男性生理特徵的標籤，其實只反映出貼標籤的人心理十分自卑，覺得自己就是因為生理上贏不過外國男性，所以交不到女朋友，才在下意識中用這些詞語去諷刺和老外交往的臺灣女生。

如果撇開少數對外籍男子有特殊癖好，甚至到了崇洋媚外程度的臺灣女生不談，事實上異國戀和任何戀情一樣，出發點都是愛情。兩個原本沒有交集的人從相識、相知，進而相戀，最後結為連理，這麼美好的一件事，為何只因為其中一方不是臺灣人，就被部分有心人士貼上負面標籤呢？

而且異國戀人要面對的壓力，不是一般本國戀人可以想像的，譬如遠距離戀愛的苦澀、語言不通的隔閡、文化差異的磨合等諸多障礙。身為臺灣最美的風景，臺灣人何不發揮一下同理心，給異國戀人們多一些祝福、少一點歧視，並將ㄈㄈ尺這種有礙臺灣和國際接軌的字眼，徹底趕出臺灣，讓它永遠消失在臺灣社會中吧！

Mrs Reader's Notes

讀者太太的人妻真心話筆記

◇ ㄈㄈ尺不但是臺灣人不團結與落伍的象徵，更是臺灣社會的集體精神霸凌現象。

◇ 追求平等是世界趨勢，而ㄈㄈ尺是反其道而行的歧視，有礙臺灣與國際接軌。

◇ ㄈㄈ尺反映出使用它的人潛藏負面心態，與「酸葡萄」或自卑心有關。

Chapter 2

In a Relationship

異國戀情中的
眉眉角角

The Truth is...

A misguide to
a successful cross-cultural marriage

06

AA制哪裡不對了？

打從二〇一三年起，我在Facebook以英國人妻讀者太太的身分經營粉絲專頁後，不時會遇到粉絲問我異國戀相關問題。印象最深的是以下這個和錢有關的問題，它很能代表異國戀情侶走入婚姻前會遇到的挑戰。

問題內容大致如下：

「讀者太太你好，我有個問題想請教你：最近我和英國未婚夫正在籌備結婚，討論到租屋跟買房，他竟然提出費用各付一半，讓我很不能接受……

不是因為我沒在賺錢，但我們交往時出門都是男友付錢，我偶爾會買禮物給他，或煮飯給他吃。現在他居然要我出錢付房租或房貸，我真的超級驚訝。我知道他的收入比我少一些，可是從小我學到的觀念就是男人要負責養家，所以我認為他應該扛起這個責任。

我不要求老公養我或給我錢花，但我覺得要老婆付房租或貸款很奇怪。我想請問讀者太太，像你這樣自立自強的新女性，對於負擔家庭經濟的看法是什麼？我一直知道英國男人非常『講求公平』，但如果我不同意一人負擔一半的開銷，請問該怎麼跟他溝通？」

我看完這個問題的第一反應是，這位粉絲其實滿幸運的。他的男友可能對亞洲文化稍有了解，並不會像一般歐美情侶從剛開始約會就AA制，而是盡量滿足臺灣女生「從小對男人的角色期待」，努力做到「出門付錢」這件事。然而到了談婚論嫁的階段，男友大概再也忍不住了。畢竟結婚是一輩子的事，如果再不和另一半攤牌，要求買房或租房這類大宗開銷採AA制，這個婚就算結了可能也不會長久。

我可以想像這位男友在開口前應該在內心自我拉鋸了一番，尤其他因為愛對方，連自己收入明明比較低，還是「很man地」買單所有約會開銷，可說是誠意十足、孝感動天。而這位粉絲被英國男友要求負擔一半房租或房貸時，心裡應該也很委屈，不知所措只好求助於我這素未謀面的資深英國人妻。看來為了錢這件俗氣的事，原本相愛的兩個人同時陷入掙扎。

正式回答這個問題以前，我要先說我覺得自己很榮幸，能得到這麼多粉絲的信任，我也很樂意用過來人的經驗和大家分享我的觀點，但這只是我的想法，每個人面對的現實條件都不同。身為成年人，可以參考別人的建議，但最後還是要為自己的決定負責。

男人付錢是「老奶奶世代」的舊思想？

首先，我認為一對情侶或夫妻該如何分配彼此的財務與相關責任，都在兩人關係的範疇內，雙方講好即可，旁人沒有權利置喙太多。但我覺得這類問題或觀念的背後透露出的，不只是一個「個人選擇」的問題，更是一個「社會價值觀」的問題。

儘管英國男人給全世界的印象就是非常紳士，凡事女士優先，但這些紳士行為並不包括幫女生買單。ＡＡ制在講究男女平等的歐美社會是主流，即使男方買了這次的單，也會預期女方買下次的單，並非無限期地買單下去。臺灣或中國常見的豪氣男友搶著付帳，在歐美其實十分稀有。而到了論及婚嫁的階段，通常是兩人一起出錢租房或買房，不像臺灣傳統一輩的觀念，要求男方把房子車子都準備好了才有資格求婚。

或許有些人會說：「歐美男人怎麼那麼小氣！一點小錢分那麼清楚！」但反過來看，英國人可能也會說：「臺灣女生怎麼那麼小氣！都只花男人的錢！」只能說這是文化差異，和浪不浪漫、貼不貼心、有沒有擔當無關。

部分臺灣女生或許從小受到家庭影響，對男人有某種既定的角色期待，包括認為養家是男人的責任，要嫁就要嫁個比自己還會賺錢、能改善自己生活的老公，最理想狀態當然是「自己賺的是自己的，老公賺的也是自己的」。

這種「男人應該是經濟支柱」的想法不是臺灣獨有，但在歐美是四、五十年前的觀念了，是我婆婆那個年代的價值觀。當時英國社會期待的兩性分工是「男主外，女主內」，而如今這種「老奶奶世代」觀念對許多歐美年輕世代來說不但與時代脱節，更是西方女性們想擺脱都來不及的桎梏，因為他們認為這是男性霸權的封建思想遺毒，是阻礙兩性平權發展的最大障礙。

如果男女雙方同居，房租或房貸，以及所有水電雜費等「養家責任」當然也是一起分擔——這在如今我所接觸的英國男女眼中，可說是完全毋庸置疑的共識。

〃兩性平等的真諦

這樣的社會風氣和英國是西方女權主義發源地之一有關。

二十世紀初女權史上著名的女性參政權組織歷經多次抗爭，當中有些成員甚至犧牲生命才換來英國女性的投票權；而女性真正在職場權益有了大躍進，要等到一九七〇年，英國國會通過《平等薪資法案》（*The Equal Pay Act*），女性員工才正式開始和男性員工同工同酬；一九七五年，英國國會通過《性別歧視法案》（*The Sex Discrimination Act*），明文規定工作場所不得對女性有歧視的行為，否則算是違法。從此，英國女性在職場中逐步取得和男性一樣平等的機會。

這些都是女權鬥士歷盡千辛萬苦才爭取而來的，除了提供現代英國女性更平等的社會，也將英國打造成兩性平權走在世界前端的國家。他們為現代女性爭取了各種平等的權利，表示我們身為女性也應當承擔平等的義務，換句話說當女人可以經濟自主，不再被男性支配，就不該期待男性還是掏腰包的那一方。

如果口口聲聲說男女要平等、在職場要給男女一樣的升遷機會，薪水也要同工同酬，卻在該付錢的時候，思想突然倒退回中世紀，表示那是男人的責任，這個邏輯是不是有點矛盾呢？

西方社會的女權主義走到今天，男性的觀點與態度也隨之改變——過去在父權傳統下，女人是男人的「資產」，結婚後在家相夫教子、操持家務，是理所當然的事；現在女性早已不再是男人的附屬品，更有自己的事業，和男人平起平坐，家事分工也和另一半走「AA制」，意即各有各的家務和育兒責任，而不是全部落在一方身上。

很多臺灣人看到西方老公會做家務、帶孩子而感到非常驚訝，但他們或許不知道，這種家庭角色分工上的AA制當然也包括出錢。如果只羨慕有個會主動做家事的西方老公，卻忽略了財務上夫妻也應該AA制，說好聽是天真，說難聽一點未免有占便宜之嫌。

根據二〇一七年的官方統計，英國高階主管中有三七．九％為女性，高於歐盟平均值的三六％，愈來愈多英國女性的工作能力凌駕男性，許多家庭顛覆傳統印象，發展為「女主外，男主內」，男性成為家庭主夫的現象在英國（尤其都會地區）已經十分普遍，社會也不會投以異樣眼光。

這些讓西方人引以為傲的平等價值已經深深烙印在英國人的價值觀中，想改變不是件容易的事。如果不同意一人分擔一半開銷，該如何和來自歐美的未婚夫溝通呢？

我的答案是——與其和他「溝通」，不如先問自己，為何不願意分擔一半的開銷？建立家庭是夫妻倆共同的責任，何況女方收入比另一半高，卻想把養家責任全丟給男方，理由只建立在「這是臺灣文化對男人的期待」，這種與國外社會文化背道而馳的觀念，就算最後男方買單了，卻很可能成為未來融入西方社會的一大隱憂。

這個問題像是冰山的一角，看似是個人選擇，背後卻反映出兩種文化對性別角色分工的期待與定義大不相同。雖說價值觀這種事沒有誰對誰錯，但如果將來的人生是準備在國外落腳，或許現在該重新檢視自己適不適合在當地的文化脈絡下生活。

Mrs Reader's Notes

讀者太太的人妻真心話筆記

◇ AA制在講究男女平等的歐美社會是主流，它不只是個人選擇的問題，更是社會價值觀的問題。

◇「男人是經濟支柱」的觀念對現今歐美年輕世代來說與時代脱節，更是許多女性想擺脱的桎梏。

◇ 西方女性追求和男人平起平坐，所有養家開銷、家事分工、育兒責任也和另一半採取AA制。

◇ 若未來打算在歐美國家落腳，應先檢視自己能否接受AA制的社會文化。

07

驚世絶症公主病

不知道大家是否還記得二〇一五年中國影星黃曉明和Angelababy結婚時，在那場被媒體封為世紀婚禮的典禮中，黃曉明發表了一番讓新娘感動落淚的「寵壞說」？

當時在萬衆矚目下，黃曉明深情款款對著新娘說：「把你寵壞了，別人就搶不走你了。」然後看見Angelababy忍不住落下淚來，場面感人到就像在看偶像劇。隔天，這句經典的「寵壞說」成為兩岸影劇新聞的焦點，而這番佳話至今仍在華語世界流傳著，成為最知名的寵妻宣言。

如果你和我一樣住在英國，大概絶對聽不到這樣的言論，因為英國男人娶老婆可不是拿來「寵壞」的，而是選擇和一個可以互相扶持、一起分工、共同建立家庭的女人度過一生。

當我聽到這則家喻戶曉又肉麻十足的結婚宣言時，忍不住向讀者先生和其他英國男性友人分享，得到的反應是覺得十分不可思議，有人甚至認真回答我：

——「中國流行寵壞小孩已經夠糟糕了，沒想到連妻子也要寵！」

不了解英國文化的人或許會很驚訝英國男人竟然有如此反應，但在我看來，這剛好完美呈現了東西方的文化差異。

在亞洲，許多女性樂於扮演小女人的角色，即使是像Angelababy那樣知名的女藝人，有足夠能力把自己打理得很好，還是認為得到另一半的寵愛是人生中最重要的事，如果老公能把自己當成公主般無微不至地奉養著，更是會在姐妹間引起嫉妒的話題，可以說是幸福人妻的最高境界。

而在講究兩性平等的歐美，男女地位平等，並不存在被寵的那個人就比較幸福的觀念，因為西方人傾向認為愛一個人自然會想對他好，並在他有困難時提供協助。這種表現不分性別，而且是雙向的，不是一方無止境地付出，另一方無條件地接受。不平等的關係不但不健康，也不會長久。

這點也可以從英國人在結婚時交換的結婚誓詞（wedding vows）一窺究竟，傳統的誓詞內容如下：

I, take you, to be my husband/wife, to have and to hold from this day Foreword, for better or for worse, for richer, for poorer, in sickness and in health, to love and to cherish; from this day Foreword until death do us part.

（我，接受你，從今天起成為我的丈夫／妻子——不管今後生活是好是壞，是富裕或貧窮，是患病還是健康，我都愛你並珍惜你，直到死亡將我們拆散。）

這段很美的誓詞不是說說漂亮話而已，而是反映出英國人對婚姻的期待——決定走入婚姻的兩人互相承諾，對彼此不離不棄，不管貧窮或疾病都患難與共，一直到死去的那天。

像黃曉明那樣的結婚誓言，浪漫歸浪漫，但稍嫌不切實際，甚至可能會被英國人視為價值觀偏差的表現。

完美男友 vs. 亞洲公主

事實上，「被寵壞的公主」在西方社會不僅會被貼上負面標籤，還可能是導致戀情壽終正寢的愛情絕症。以下就說一個發生在我英國同事身上的真實故事。

同事A，英格蘭與威爾斯混血的正港英國人，工作勤奮，表現優異，年僅二十八歲就被高層拔擢為資深經理，在公司裡人緣極佳，是人見人愛的青年才俊。外表俊俏的他私底下也多才多藝，吉他、鋼琴彈得好不說，更打了一手好鼓。

感覺像是人生勝利組的A，其實並不是含著金湯匙出生，他靠自己的力量在三十歲前買下人生第一棟房子，而他也相信，成功是靠自己的雙手打造出來，可說是非常務實的年輕人。

這麼好的條件，並沒有讓他在感情路上桃花朵朵開。原因是他獨立慣了，加上無論工作或生活都非常忙碌緊湊，沒有多餘時間約會，也覺得沒有必要。直到單身超過五年的某一天，他突然向我們宣布最近有了約會對象，對方還是和我一樣來自亞洲！

然而，正當我們要準備慶祝他終於脫單時，A卻向我們宣布這短命的戀情在他發現對方有「公主病」後，被他快刀斬亂麻地結束了。

對A來說，與其花精力去討好一個時時刻刻需要被呵護的公主，還不如好好專注在工作或其他能讓生活更充實的領域。在他的觀念裡，有另一半應該是為雙方達到加分的效果，是兩個獨立的個體因為愛決定在一起，並讓彼此的未來變得更好，而不是單方面勞心勞力去維繫一段不平等的關係。

就這樣，那位和A無緣的「亞洲公主」，因為自己嬌貴的公主病，白白斷送一段良緣。

而A不久後也找到一位個性獨立的女友，兩人過著幸福的生活。據他的女友描述，A是一位非常貼心的男友，重要節日會安排驚喜，平時也常下廚做飯，更難得的是，他還非常支持女方的理想，兩人除了是男女朋友，也是心靈相通的好朋友。

顯然，英國男人並不是不會寵女友，只是不喜歡被期待一定要成為「寵女友魔人」的預設價值觀，或是被要求單方面寵愛女友卻又得不到同等的對待，類似被當成工具人的感覺。

可惜這樣的「完美男友」還是達不到「亞洲公主」的標準，原因可能和A沒有把他「寵壞」有關。

「亞洲公主」大概不知道，英國人的思考方式和許多西方國家的人一樣，非常講究個體的獨立性：每個人生下來都是獨立的個體，滿十八歲的成年人就不該再依賴父母或其他人；年邁的父母也不會期待子女扛起照護的責任，和子女同住的比例更是微乎其微。

親子間是如此，男女朋友或夫妻當然更不例外。成年了卻還依賴別人，以當「公主」為目標，在亞洲或許會被定義為「幸運」或「幸福」，但在西方國家卻多少會被賦予負面形象。

我是土生土長的臺灣人，很能理解東方女性的想法，但不是完全認同這

樣的價值觀——期待一生中能遇到一個把自己當成公主般呵護的完美男友或完美老公，這種角色分工間接暗示著女性只有在依附男人時才是最幸福的。我想在二十一世紀的現代，臺灣已經出現女性總統的今天，女人還把人生的幸福寄託在男人身上，除了思想停留在上個世紀，也有種小看女性的嫌疑。

我在女兒小龍女出生後也和讀者先生達成共識，絕對不會把他養成「公主」，連一般人對女兒的暱稱「小公主」（little princess）在我們家也絕對聽不到，目的就是不希望他養成嬌生慣養的習性。

有毒的寵女友文化

從字面來看，「spoiled」（被寵）在英文字典裡的定義是：

Of a person, especially a child, harmed in character by being treated too leniently or indulgently.

（一個人，尤其是兒童，被溺愛或被過度寬容對待，而使其個性蒙受損害。）

由此可知spoiled在西方文化裡是個貶義詞，因為它是「蒙受損害」的一種缺陷。

反觀臺灣社會，媒體動不動就用「寵妻魔人」、「寵妻無極限」等名詞褒揚男藝人，彷彿只要把妻子寵上天就是對形象加分的「好公關」（good PR）；一般婆婆媽媽在閒聊時，也很常以誰的女兒出嫁後得到老公的寵愛比較多，來評判嫁得好不好、幸不幸福。同一個詞在兩個文化裡竟然有如此天差地別的詮釋，充分顯示兩者間的文化差異。

其實希望被伴侶寵壞並沒有錯，每個人都有自己的人生追求，只要找到願意配合的另一半，兩人愛用哪種模式相處，別人無從置喙。不過身為資深「英國外籍配偶」，看過太多觀念不同導致磨合期出現嚴重問題的異國情侶，所以想給大家一個良心建議：如果真的很享受被男友或老公當成公主一樣無條件寵愛的感覺，或許選擇和東方人交往會比較輕鬆，畢竟大家都是在相似文化下成長，對彼此的角色期待也有差不多的認知。

但若想和西方人走入婚姻，那就是another story。最好評估一下自己是不是典型的「小女人」，或甚至有一點「公主病」，如果你是，那「相愛容易相處難」這句話，恐怕將是你經常需要面對的挑戰。

Mrs Reader's Notes

讀者太太的人妻真心話筆記

◇西方社會不但不認為「被寵」（spoiled）是件幸福的事，更是帶有負面意涵的用語。

◇在講究兩性平等的歐美，愛一個人自然會想為對方付出，這種表現不分性別，而且是雙向的。

◇「公主病」在西方社會會被貼上負面標籤，也是導致戀情壽終正寢的愛情絕症。

08 異國戀三大障礙及其解藥

前兩節提到，異國戀因為雙方對性別角色的期待不同而產生的認知差異，然而異國戀人要面對的問題其實還不僅僅這些，這一節就來談談其他異國戀容易遇到的障礙與我的解決方式。

西方有莎士比亞的鉅作《羅密歐與茱麗葉》，東方有民間四大愛情故事之一的《梁山伯與祝英臺》，這些淒美的愛情故事之所以讓人感動，很大成分是這樣的劇情容易引發共鳴，在人性的驅使下覺得「得不到的就是最好的」。

我有時候覺得異國戀情很美，也是一樣的原因。儘管現代社會對異國婚姻的態度漸趨開放，接受度也愈來愈高，但不可諱言的是，跨文化關係還是存在著比本國婚姻更多的阻力，雙方需要努力克服這些障礙，過程中往往也能體會類似《羅密歐與茱麗葉》般的苦澀與無奈。

以下以我的自身經驗，和對其他異國情侶的觀察，整理出異國戀最主要的三大障礙，並提供我認為可以成為解決方案的「解藥」：

【障礙1】無所不在的文化衝擊

和來自不同背景的人交往，一開始會覺得新鮮有趣、浪漫十足，但文化衝擊還是很難避免，可說是兩人交往的第一道難關。

文化衝擊可大可小，小到吃飯習慣大至理財方式，在日常生活中無所不在，可以是具體事物或無形價值觀，可能是上下班時間，也可能是對成功的定義，沒有親身經歷很難發現。

文化衝擊有時會挑戰我們從未想過要去質疑，甚至幾乎是當成真理的價值觀。譬如西方人的世界裡沒有坐月子這件事，也沒有大姨媽來時不能吃冰的說法。我曾經向讀者先生和我的英國女性友人提及此事，他們都覺得非常不可思議，還反過來開導我，說所有食物不管什麼溫度，進入身體後都會變成和身體一樣的溫度。這件事並沒有誰對誰錯，只能說中西方的觀點不同，沒有必要說服對方同意自己的養生觀念。

文化衝擊有時甚至直接對健康造成影響。COVID-19剛在英國爆發時，政府沒有强制要求民眾戴口罩，我就看過好幾對東西合璧的家庭，因為東西方對戴口罩的接受度南轅北轍，夫妻倆為了戴不戴口罩吵翻天或冷戰好久。

這些生活中的大小事都是文化差異的反射。當你和異國伴侶交往一段時間，打算進入同居或結婚的階段，這些原本被浪漫的粉紅泡泡鬼遮眼的現實面就會一一浮現。如果沒有夠深厚的感情基礎、超强壯的心臟，以及打算妥協的心態，這段異國戀曲可能只是曾經擁有，無法天長地久。

解藥

克服文化差異不一定是要其中一方為了另一方改變，而是一個互相退讓的過程。世上本來就沒有哪種文化比較優越，以愛為名去强迫另一半遷就自己的文化，就算可以暫時解決問題，長久下來還是會成為兩人關係中的隱憂。

所謂「讀萬卷書，行萬里路」，想要克服文化差異，我認為最有效的方式就是帶對方去你的國家待一段時間，讓他也親身經歷一下文化差異，對你的文化有直接的認識，進而產生同理心，理解你在他的國家所面臨的挑戰。

我和讀者先生結婚前，他曾經來臺灣住了三個月，其中一個月還適逢農曆春節，因此他不但對臺灣人的生活方式和飲食習慣有一定程度的了解，更對臺灣的民間習俗與傳統文化有進一步的認識。當時我還在公關公司上班，他也見識到臺灣流行的加班文化，這些細節對於我們婚後的磨合都很有幫助。

【障礙2】來自父母的壓力

除了無所不在的文化差異，第二個難關很可能來自父母的意見。

近年來異國戀和異國婚姻愈來愈普遍，不像三、四十年前的臺灣社會那樣罕見，許多父母都能接受未來女婿或媳婦是外國人的事實，但即使可以接受，可能也有一些但書，譬如「結婚可以，但婚後要住在臺灣」，或「結婚可以，但對方要會說中文」等等。我聽說過最誇張的例子是，女方的華人母親要求來自歐洲的準女婿「付聘金」，還要把房子和車子準備好再來「迎娶」女兒。這在華人世界是非常普遍的習俗，在西方世界卻很難被理解或認同。這種類似要男方證明財力的傳統，出發點雖是想保障女兒婚後的物質生活，但很容易帶給西方人一種「賣女兒」的不佳觀感。

雪上加霜的是，身為臺灣人，我們的行為深受孝道影響，經常在追求個人幸福和不違背父母意願間陷入掙扎，有時甚至會引起不小的家庭革命。

解藥

兩個人之所以結婚，就是希望長久在一起，結果卻因為父母的壓力或婚禮的形式而鬧翻，根本是犯了本末倒置的謬誤。這種時候該靜下心來問自己：你要的是下半輩子的幸福，還是父母的認可，甚至只是婚禮當天的面子？而這裡所說的面子，很大程度還是你父母的面子！

我認為在做決定之前，應該先客觀評估兩人的家庭背景、經濟條件、職業類型，找出未來結婚後最適合雙方的生活模式，並在財務情況許可的前提，和另一半商量出能盡量滿足雙方家庭的婚禮形式，而不是將自己父母的壓力强加在對方身上。和你共度下半生的人是你的另一半，不是你的父母，而未來和你一起共組家庭的也是你的另一半，孰輕孰重，答案應該很明顯。

【障礙3】離鄉背井的辛酸

異國戀的本質，就是來自不同國家的兩個人為了在一起，至少其中一人必須做出妥協，放棄自己的家人、朋友、工作、熟悉的環境、適應的文化，搬去另一方的國家居住，一切重新開始，或者兩人一起在新的國家展開新的生活。許多人往往單純覺得為了愛而搬去另一個國家居住很浪漫，卻不知道其實非常需要克服現實問題的魄力。

當年我決定嫁給讀者先生，放棄在臺灣辛苦建立起的職涯，一切從零開始，不知遭到多少家人朋友的反對。他們的出發點都是不希望我去英國吃苦，畢竟我是個沒有英國學歷的「外籍配偶」，想在英國找到好工作並不容易。

事實上不只職涯會面臨挑戰，能否融入當地社會、克服歧視、建立自己的社交圈，以及如何排解在異鄉想家的情緒、見不到親人好友的困境，都是離鄉背井要時常面臨的問題。如果決定要移民到對方的國家，務必自問是否有信心戰勝這些障礙。

解藥

當時我在親友全部不看好的情況下，之所以能力排眾議，毅然決然移民英國，除了對讀者先生的信任與相信自己做得到的傻勁之外，背後還有一個計畫：設定三年的期限，在這段時間內，如果無法找到滿意的工作或無法適應英國的生活，我會要求讀者先生和我一起搬回臺灣。

我認為，用三年的時間換取一個改變人生的機會很值得，況且不試試怎麼知道自己面對挑戰的能耐與極限在哪？而就算最後失敗了，我也有信心把離開臺灣職場三年的空窗快速補起來。

或許是有了這樣的計畫做後盾，即使我移民英國的第一年不是很順利，但我不曾因此貶低自己或垂頭喪氣，而是相信這一切只是過渡期，把心態調整好就會漸入佳境。果然三年後我不僅沒有適應不良，還找到非常喜歡的工作、建立自己的社交圈與事業，人生進入一個全新階段。

當然，不是每個在英國奮鬥的外籍配偶最後都決定留在英國，有人或許因為抗壓性較低、忍受不了寂寞、覺得和英國文化格格不入……不管為了什麼原因而打退堂鼓，成熟的人了解自己不適合走這條路後就該改變，而不是把責任推給另一半，或是得到憂鬱症也不治療，反而讓彼此變成一對怨偶，在抱怨、自責、內疚的惡性循環中將愛情消磨殆盡。

我的建議是，如果你談了場異國戀而決定離鄉背井，移居到一個陌生的國家，有兩件事請務必記在心裡。

第一是不要牽拖，千萬不要把責任推給對方，認為你是為了另一半而這麼做，成熟的人都知道自己的人生自己規畫，也會為自己做的決定負責，否則每次一有委屈就牽拖對方，動不動施加壓力在對方身上，這樣的婚姻絕對不會長久。

第二是給自己一個備案，先想好如果在異國的發展不如預期，該做什麼打算，並和另一半達成共識，讓對方清楚知道你的底限，而不是一味地犧牲。

以上三大障礙與解藥，希望對正在談異國戀，且即將進入下個階段的人有所幫助。我的目的不是要戳破大家對異國戀的浪漫幻想，而是想分享過來人的經驗，用我走過的人生軌跡提供一點參考。

Mrs Reader's Notes

讀者太太的人妻真心話筆記

◇世上沒有哪種文化比較優越，不該以愛為名去要求另一半遷就自己的文化。

◇克服文化差異的最有效方式是帶對方去你的國家待一段時間，讓他親自體會你在他的國家所面臨的挑戰。

◇面對來自父母的壓力時，靜下心來思考：和你共度下半生的人是你的另一半，不是你的父母。

◇決定移居到異國前，請不要一直覺得你完全是為了另一半才這麼做，同時想好若發展不如預期時的備案。

09

讀家吵架的「三不一沒有」

很多人問我，和讀者先生結婚超過十年，會不會經常吵架？

答案當然是「Yes」！誰叫風象星座的我們脾氣超火爆，不吵架根本很難，何況吵架在異國戀界是被公認為讓外語進步神速的最佳方式，不多吵吵行嗎？（大誤）

其實連自己的舌頭都偶爾會被牙齒咬到，更不用說人和人之間的互動，即使關係再親密，相處過程一定會產生摩擦。吵架在我看來不但很正常，還絕對必要，因為只有當意見分歧，雙方才有解釋的機會，而透過解釋才能更了解彼此。

即使如此，我們讀者家吵架還是有一定的規則，就是「讀家吵架三不一沒有」政策。以下和大家簡單介紹我們夫妻多年來奉行的四個吵架原則：

【原則1】不隔夜

會有這條規定，是因為我們有個朋友在家猝死。過世之前，他和老婆冷戰好幾天沒說話，人生嚥下最後一口氣之前，不但來不及和最親密的人告別，對老婆說的最後一句話，還是生氣時口不擇言說的氣話。

聽到這個真實故事，我和讀者先生都同意無論我們吵得多兇、氣到多火大，一定要在睡前放下情緒，想辦法把話講開，否則如果一樣的事發生在我們身上，留給對方的「遺言」竟然是句斥責的話，那豈不是要終生遺憾了！

有了這個吵架不隔夜的習慣後，我還意外發現一個好處，就是不會氣呼呼地睡著。每天入睡前，我都會心平氣和向老公道晚安，再互相說聲「I love you」，對睡眠品質和心理健康很有幫助。這已經成為我們讀者家的睡前儀式，幫助我們在忙碌的一天即將結束前好好沉澱思緒，想一想生命中最重要的人事物，再進入夢鄉。

最近很流行說生活要有儀式感，這就是我們家最堅持的小小睡前儀式，不管吵得多兇都不會省略它。

【原則2】不說離婚

很多情侶經常一吵架就提分手，結了婚也動輒把離婚掛在嘴邊。殊不知老愛拿分手或離婚當威脅手段的結果，只會被對方當成「放羊的孩子」，而沒有意識到兩人關係已經惡化到需要修補的地步。更嚴重的是，對方可能覺得你非常不珍惜這段感情，才會每次生氣就想放棄，這個習慣很可能成為兩人關係的一大殺手。

「不輕易說分手」這個原則，我結婚前就一直在遵守，結婚後自然也不會和老公一言不合就放狠話說要離婚。當然，並不是說我不敢或不想，而是我知道「離婚」兩個字的重量，一旦說出口，對兩人關係會造成很大的傷害。

我的原則是，如果真的要和一個人分手，絕對是經過深思熟慮後做出的決定。所以當我對前男友說分手，第二天起就不再和他聯絡，也不讓他有復合的機會。在我看來，「分手」和「離婚」不是用來威脅對方的條件，而是一種行動，**一說出口就代表game over。**

我和讀者先生剛結婚時，曾有一次非常嚴重的爭吵，情況不妙到他氣得脫口而出：「不然我們離婚好了！」當下我雖然也很生氣，但一聽「離婚」兩個字就馬上冷靜下來，看著他的眼睛對他說：

——「你仔細想好後再告訴我你是不是認真想離婚，如果是認真的，我們就來找律師。」

那次之後，讀者先生再也不敢一時氣憤就放話說要離婚，因為他了解到我把「離婚」看得有多重，只要他一提出，我就會認真考慮並且行動。

【原則3】不翻舊帳

許多情侶或夫妻吵架時很愛翻舊帳，彷彿誰翻出的舊帳愈多，就愈有吵贏的籌碼，殊不知只會失去對方對你的信任，很可能被認定只是個表面假裝和好，心裡從未真正放下的虛偽者。

這點我和讀者先生很有默契，即使爭得面紅耳赤，絕對聚焦在目前討論的問題，而不會硬扯出八百年前的舊帳，擴大吵架範圍，模糊討論焦點。

我想除了和我們就事論事的個性有關，也和我們對不開心的事似乎內建「健忘機制」有關。看來有時記性不太好，在兩性關係裡反而是種美德。如果你是記性非常好的人，建議偶爾放鬆一下，不要對每件你覺得吃虧的事耿耿於懷，如此一來你會發現不但放過了別人，更大的收穫其實是放過自己。

我也認為夫妻或情侶應該從建設性的角度看待每一次的爭吵，從中找到讓彼此關係進化的結論。即使你真的很愛翻舊帳，這些「舊帳」帶給你的也應該是新的體認，而不是吵架造成的負面情緒。總之，**不要讓你的架白吵，一定要從中得到讓雙方關係進步的收穫**。

【原則4】沒有旁觀者

我一直覺得吵架是非常私密的事，每次聽說有人在大庭廣眾下吵架，都覺得十分不可思議。在陌生人面前攤開自己家務事，除了需要勇氣，對隱私大概也有某種程度的不在乎。

不只是陌生人，我和讀者先生都覺得吵架是我們兩人的事，不應把家人朋友捲入，除了不替親友製造尷尬場面，也不該期待他們擔任仲裁者的角色。事實上，沒有任何人比我們自己更了解彼此的個性和關係中的處境，外人的介入不但對解決問題沒有幫助，還會讓事情變複雜，所以我們從來不在親友面前吵架。

如果人在外面，突然因為對方的某句話或某個行為感到不爽，我們會忍到回家再發作，絕對不讓外人看到我們張牙舞爪的樣子。尤其長男小龍包出生後，我們更說好絕對不在孩子面前吵架，我想這點無須多加解釋，只要從小看過父母吵架甚至打架的人就知道，這種行為和家庭氣氛對孩子的衝擊有多大，對他們的人格發展更會有關鍵性的影響。

吵架除了不要有實質上的旁觀者，最好也不要有「精神上的旁觀者」。這裡說的是，雖然沒有親眼目睹整個吵架過程，但因為當事人鉅細靡遺的轉述，無意中成為精神上的旁觀者。

記得我二十幾歲還在臺灣時，每次和男友吵架就會打電話給閨密訴苦，要他幫我評評理，但每次講完，我不是覺得得不到有建設性的幫助，就是覺得閨密的提議總有哪裡不對勁，好像不是很適合我的處境。這樣的次數多了，我漸漸不再和他人抱怨，因為充其量只是尋求自我安慰，實質幫助微乎其微。

來到英國後，我更發現西方人似乎比較沒有把感情問題和朋友分享的習慣，背後原因除了比較注重隱私之外，他們認為成年人應該自己解決感情問題。更重要的是，每個人都是獨立的個體，思考邏輯、行為模式、面對壓力的態度都不一樣，將他人的問題强行套入自己的答案根本行不通。所以即使被問到感情問題，通常不會輕易給予意見。

久而久之，我也漸漸變成英國思維，覺得感情是個人私事，即使再好的朋友也不一定會懂。如果我和讀者先生有摩擦或發生爭執，與其浪費自己和閨密的時間，還不如多去看看書或閱讀相關文章，用這樣的方式開導自己，理出頭緒，從不開心的情緒中走出來。

我的那群臺灣閨密們可能以為我結婚後再也沒有煩惱，殊不知我只是學會向自己吐苦水，再當自己的心理諮商師，幫自己找到出口。我想這大概就是所謂的成熟和寂寞時常只有一線之隔吧！

吵架時沒有精神上的旁觀者還有另一項好處，就是更小心選擇說出口的話，因為口出惡言是要付出代價的，而且這個代價還要你一個人去承擔。譬如當你逞一時之快，自以為帥氣地對對方說：「不爽你就去找別人啊！」這句話說出口後就像覆水難收，你可能要開始擔心對方是否真的去外遇，或者煩惱對方是否誤會你是真心想放棄這段感情。既然知道說狠話會帶來這麼多不好的後果，而且得自己一個人去面對這些後果，吵架時就會更謹慎選擇詞彙。

吵架在兩性關係中就像吃燒餅掉芝麻一樣，是件無法避免的事，既然要時常面對，不如擬定出專屬於你們的吵架原則，讓吵架的負面影響降到最低。人生只有短短數十年，生命應該要浪費在美好的事物，而不是讓人心力交瘁的爭執，不是嗎？

Mrs Reader's Notes

讀者太太的人妻真心話筆記

◊ 不論吵得多兇，建議在睡前把話講開，不讓負面情緒跟著過夜。

◊ 不輕易提「分手」或「離婚」，對方才知道這兩個字的重量。

◊ 吵架時不翻舊帳，聚焦在討論議題。

◊ 西方人比較沒有把感情問題和朋友分享的習慣，也不會輕易評論別人的感情問題。

◊ 吵架在兩性關係中無可避免，擬定專屬兩人的吵架原則，讓負面影響降到最低。

10

英國男人的恐婚症

我認識讀者先生時，他已經超過四十歲，從來沒結過婚。他的說法是，雖然交過幾任女朋友，但都不適合結婚，與其勉强結婚，不如保持單身。那時我也發現，我認識的許多英國男性都沒有結婚，尤其條件愈好的男人愈不想結婚。上網搜尋一些資料後，我才知道原來和英國男人的「恐婚症」有關。

解釋為何英國男人會恐婚前，想向各位說明一下英國人對結婚的態度，先有個背景知識。

和亞洲人相比，英國或歐洲情侶通常不會把「結婚」當成交往時的考慮選項。以英國為例，十六歲以上的成人，結婚率數十年來停留在約五成，許多交往十幾、二十幾年的情侶也完全沒有結婚的想法。原因除了結婚很燒錢、法院判定離婚的門檻很高以外，他們往往將結婚視為老派的表現，多餘且古板。相較於將結婚看作人生大事的臺灣人，更凸顯了文化差異。

對結婚沒有興趣的人當中，又以三十歲以下男女居多。英國兩性專家分析，可能是因為許多年輕人生長在離婚的家庭，對婚姻比較沒有憧憬。根據統計，二〇一五年英國男性平均結婚年齡是三七・五歲，女性則是三五・一歲，比二〇一四年高了〇・五歲，而且自一九七〇年代起，英國人結婚年齡每年都有增長的趨勢。

以性別來說，英國男人又比女人更不想結婚，有些甚至到了「害怕」的程度。根據統計，英國在二〇一五年有二八%的男性獨居且從未結過婚，同樣狀態的女性則是二二%。之所以有這樣的現象，就我自己超過十年的觀察，和以下三個原因有關：

【理由1】對離婚爸爸的不友善制度

英國離婚率不低，排全世界第三十五名。一旦離婚，英國法律極少會將孩子監護權判給爸爸，這對愛孩子的英國男人來說是極為不公平的待遇。

男方不僅爭取不到監護權，孩子的教育費、生活費，以及離婚後的財產均分可是一樣也不少，即使離婚原因是女方出軌也不例外。英國法庭判決離婚的最大考量是孩子的權益，法官普遍認為孩子跟著媽媽較能得到良好的照顧，因此傾向將孩子判給女方，男方則必須一起扛起分擔育兒成本的經濟責任。也難怪許多英國男人，尤其是有錢的英國男人，對結婚始終興趣缺缺，畢竟一想到離婚後的麻煩事、社會普遍偏袒女性的風氣，就不禁打退堂鼓。

這股風氣也促成在二〇〇一年，英國爸爸麥特．奧康納（Matt O'Connor）創立了「為父親爭取正義」（Fathers4Justice, F4J）這個組織，目的是捍衛所有和他有著類似遭遇的英國男人人權。

原來麥特和前妻離婚後，被法院判決不許和兩個兒子見面，連自己家門也進不去。一時間失去所有的他，差點想不開要去自殺。幸運的是與其自殺，麥特最後選擇和法院據理力爭，兩週後前妻終於鬆口，同意讓他擁有共同監護權。這樣的經歷使麥特成立F4J，除了為了其他受到不公平判決的爸爸們，更為了自己的兩個兒子，他不希望孩子長大後也要面對一樣的事。

經過多年抗爭、走上街頭爭取失婚爸爸的權益後，F4J終於在二〇一六年成為世界上規模最大的「同等親權」（Equal Parenting）組織，並在英國和愛爾蘭有超過八萬個家庭支持。

然而目前英國社會整體氛圍仍然傾向維護離婚媽媽的權利，麥特和支持者們還在持續努力中，目標是說服英國立委立法確保同等親權真正在英國落實，他們相信這樣的安排對孩子才是最好的結果。

身為女性也是為人父母的我，其實很同情英國男人的處境，畢竟愛孩子是不分性別的。了解麥特的故事後，我更加理解為何許多英國男人不想結婚，花了一大筆錢辦婚禮走入婚姻，不但會讓自己被法律綁住，想要解脫時條件還非常不利於己。除非有非常强大的動機和意願，不然寧可選擇和伴侶同居，甚至獨身一輩子。

【理由2】英國女權主義高漲，英國女人「恰北北」

我在二〇〇八年剛到英國時看過一則新聞報導，寫著英國男人擇偶排行榜中，英國女性已經掉出冠軍和亞軍的寶座，成為排在歐陸女性和亞洲女性後的第三名，原因是英國女性的女權意識普遍太强烈，讓部分英國男人吃不消。當時的我非常驚訝，也發現英國的外籍新娘比例確實滿高的。

二〇一一年我嫁到英國定居後經過多年觀察，更確定英國女性即使外表柔弱甜美，個性也偏大女人，但想欺負他們可不是件容易的事。

我身邊好幾對英國夫妻都是偏「男弱女强」的組合，尤其如果家中成員以女性較多，譬如由兩個女兒組成的四口之家，那麼唯一的男性，也就是爸爸，往往處在被「girl boss」管理的狀態。當然爸爸本人可能甘之如飴，對外也比一般男性更尊重女性，未嘗不是一件好事。只是如果去這種家庭作客，男性客人說話時要小心一點，因為性別議題在這裡會特別敏感。

讀者先生就時常向我抱怨，每次去這些朋友家拜訪時都要字句斟酌，否則很容易被朋友的太太扣上大男人主義的帽子。

有次我們和兩個這種類型的家庭聚會，聊到讀者先生隔天有場演奏會要去表演，所以我必須一人在家帶孩子。在座的兩位英國女性居然異口同聲諷刺讀者先生，說他讓我變成「偽單親」。雖然只是開玩笑，但也讓讀者先生感到有點沒必要，畢竟我們有自己分工照顧孩子的模式，當換作我出差，就由他一肩扛起偽單親的責任。

「男弱女强」的家庭通常有個共同點，就是女主人的教育水準和社經地位頗高，不僅有穩定的工作，而且多為高收入的工作，因此處於「一家之主」的地位，是家中重大決定的決策者。

這裡討論的英國女權主義，並非刻板印象裡的那種「上海女人」，僅要求男人做飯做家事的表象平等，而是在制度和結構上追求真正的男女平等。英國女性在外爭取同工同酬，致力消除性別薪資差距，在家則爭取家務與育兒責任分工各半，更沒有「男主外，女主內」的傳統觀念。

然而，英國女性强烈的性別意識，使得英國男人傾向把同樣來自西方文化的歐陸女性作為共度一生的伴侶，不過當然不包括法國女性，他們的女權觀念和英國女性相比，絕對有過之而無不及。

有些英國男人則偏好溫柔婉約的亞洲女性，而且不在少數，才使亞洲女性躋身英國男人擇偶排行榜的第二名。但近年來英國出現大量「假結婚」事件，許多外籍女性利用和英國男性結婚藉以取得英國居留權。這種「騙婚」

事件又以亞洲女性為大宗，因為英國於二〇二一年退出歐盟國前，來自歐盟國的歐陸女性不需要簽證就能自由在英國居住工作，比較不需要用這種方式取得留在英國的資格。

媒體就曾報導，抱有這種企圖的外籍女性得到合法居留英國的身分後，不是自動消失就是拋棄英國籍丈夫，有些甚至看準英國夫妻財產共有制，消失前還「順便」捲款潛逃。不少英國男性面對外籍女友，尤其是來自亞洲的女性，不得不多一點警戒，有時甚至成為不想和外籍女友結婚的理由。

【理由3】不承認婚前協議的傳統，男人難以保障財產

和十分流行制定婚前協議的美國、澳洲，以及歐陸等國不同，根據英格蘭和威爾斯的法律傳統，婚前協議在英國並不具備法律約束力，離婚時的財產分配是由法官酌情判決，使得世界富豪聚集的倫敦長期享有「離婚天堂」的稱號，成為有心人士藉由離婚致富的最佳地點。

直到二〇〇九年，英國發生轟動一時的德國女富豪卡特琳・拉德馬赫

（Katrin Radmacher）和前夫尼古拉・格拉納蒂諾（Nicolas Granatino）的「世紀財產爭奪戰」，婚前協議才首次在英國法院判決財產分配時，起了關鍵性的作用。

卡特琳出身於德國富裕家庭，身價估計高達一億英鎊，是歐洲女富豪之一。他和法國籍的尼古拉在倫敦相遇後結為連理，結婚前四個月兩人在德國簽署婚前協議，承諾如果離婚，不會向對方提出任何金錢索賠。

八年後，這段婚姻走到盡頭，經濟地位較弱的男方吃定兩人是在英國結婚、離婚，法官絕不會將他們在德國簽定的婚前協議列入考慮。果然英國高等法院的一名法官裁定，考慮到雙方經濟實力懸殊，如果堅守婚前協議對尼古拉並不公平，因此判女方必須支付男方五百八十萬英鎊的「分手費」。

卡特琳憤而提出上訴，法庭最後終於承認這個婚前協議有效，改判女方只需支付男方一百萬英鎊，再為他購買一棟價值二百五十萬英鎊的豪宅，但在最小的孩子年滿二十二歲時必須歸還豪宅。

當時，卡特琳的律師在勝訴後高呼，說這是英國法律改變的轉捩點，並表示：「從今天起，任何成年人都可以在人生中最美好的一刻（指決定結婚時），為最糟糕的一刻（指決定離婚時）做準備。」法官也在判決書提到，婚前協議適用於離婚率攀升的現況，然而如果英國法院繼續不承認婚前協議的效力，將會更加不切實際。

反對將婚前協議合法化的人士則指出，這場世紀大判決是英國法律史上悲哀的一天，因為它反映出婚前協議竟然比婚姻本身的誓言更重要，這樣的判決會使離婚更加容易，婚姻的神聖性將更不被重視。

兩派爭執不休，目前婚前協議在英國仍處於模稜兩可的狀態，並沒有真正合法化。根據一九七三年制定的《婚姻事務法案》第二十五章（*Section 25 of the Matrimonial Causes Act 1973*），對一般人來說，婚前協議在離婚時是沒有意義的，因為站在維持社會正義的角度，判決離婚的核心要素是滿足雙方的需求。雖然英國法律並沒有明確界定這個「需求」是什麼，但是法庭通常會確保雙方離婚後盡可能維持接近離婚前的生活水準，而且一定把子女的需求放在首位。

法案也提到，只有當夫妻其中一方超級有錢，其金錢和房產超過另一半可能需要的程度太多，法官才可能將婚前協議列入考慮。而對經濟狀況一般的夫妻來說，婚前協議只在分配涉及對個人具有特殊意義的財產時才可能發揮作用，比如傳家寶或寵物。

簡單來說，婚前協議目前在英國只被用來保護多餘的財產，如果婚前協議無法滿足雙方與子女的需要，法庭會認為是不公平的，也不可能依此判決離婚時的財產分配；只有當財產滿足雙方需要後還有剩餘，婚前協議才可能生效。但對一般夫妻來說，滿足雙方需求後就沒有剩餘財產可以再進行分配，所以婚前協議不會發揮作用。

英國法官甚至在幾年前公開發表評論，說簽署婚前協議的夫妻大多是在浪費時間，大大潑了簽定婚前協議的英國民眾一盆冷水，也造成擔心離婚後財產要被前妻分掉一半的英國男人，對結婚這件事更加卻步了。

如果有機會和英國男人約會，可以好好觀察他們是否存在著對婚姻的恐懼。即使和對方交往到一定程度，想和他互定終身，但為了不嚇跑對方，我建議還是不要太主動提起結婚這件事，也絕對別用強逼的方式「求婚」。許多英國男人心中搞不好多多少少有點「恐婚症」的傾向，千萬不要弄巧成拙，而是用耐心去陪伴他克服這些障礙。

Mrs Reader's Notes

讀者太太的人妻真心話筆記

◊ 由於社會風氣與法律制度，英國男人大多有嚴重程度不一的「恐婚症」。

◊ 在英國一旦離婚，法院極少會將子女監護權判給父親，但男方還是得負擔孩子的教育費和生活費。

◊ 英國女人普遍女權意識高漲，有時會讓英國男人備感壓力。

◊ 婚前協議在英國不具法律效力，離婚時的財產分配由法官酌情判決，裁定標準為「能否滿足雙方與子女的需求」。

11

異國戀，如何開花結果？

如果讓十對異國戀人老實說，我猜至少九對會承認，交往初期覺得對方很有吸引力的原因，與兩人的文化差異有關。我和讀者先生交往初期，總覺得他和我以前認識的人不一樣，充滿神祕感，非常有魅力。隨著時間過去，一樣的原因卻成為我們之間的問題。

當新鮮感不再，現實生活的林林總總時時提醒著我，眼前這個人和我來自不同文化。尤其有時和他溝通一些基本觀念卻感到格外困難，這些觀念在我心中像常識一樣不需要解釋，但對他來說是第一次聽到。如果想改變他的想法更是緣木求魚，因為這是他的人生觀和價值觀的反射，改變並非易事。如果沒有夠強大的感情基礎，企圖改變對方的想法極可能變成分手的前奏。

此外，異國戀往往和遠距離戀愛劃上等號，如何克服無法時常見到對方的障礙，也是一門重要課題。

這一節我想和大家探討的是，當兩人在某些觀念上天差地遠，如何逐步找到共處的平衡點；如何在必須分隔兩地的情況下，仍然讓戀情保持熱度，甚至讓感情愈來愈堅定。

【方法1】不勉強自己或對方

我認為，每一對異國戀情侶如果能認清彼此不只存在著文化差異，還一定會因為這些文化差異造成爭執的事實，兩人關係就已經往成功的路上邁向第一步了。

承認彼此的文化差異聽起來簡單，執行起來卻不太容易。首先是試著理解這些價值觀的背景與來源，理解後如果可以認同固然很好，但若覺得差異太大，也不要勉強自己或對方接受。

舉例來說，情侶放閃這種在亞洲很普遍的事，到了英國卻不是人人歡迎，如果想在社群媒體上公開曬恩愛，最好事先徵求對方同意。如果決定要放閃，也盡量用低調的方式，出門穿情侶裝、戴情侶對戒，甚至一起跑去做情侶刺青這種難以undo的事，請千萬不要強迫對方答應，更不要情緒勒索。

【方法2】財務獨立

以我的觀察，臺灣常見的異國戀國家像美國、英國、法國、德國、日本、韓國，傾向交往期間實行AA制，各自負擔花費；如果同居，除非兩人事先說好由某一方承擔經濟開銷，不然房租、水電費等費用都是各出一半。

畢竟還在交往期間，雙方在經濟上維持平等關係，才不會帶給來自其他國家的另一半一種「臺灣人不夠獨立」的印象，如果將來不幸分手，也不會落人口實，被對方批評「臺灣人愛占便宜」。

我認為無論對方的國家文化與我們如何不同，金錢獨立始終是最基本的，財務獨立是人格獨立的指標，也是雙方相互尊重的基礎。所以我強烈建議大家，談異國戀時要盡量保持財務獨立，不要依賴對方。

【方法3】呈現真實的自己

既然有心要經營這段戀情，從交往初期就要呈現真實的自己，千萬不要為了討好對方而特別營造不實形象，或為了迎合對方而刻意偽裝個性與興趣。沒有人可以假裝、說謊一輩子，何況長久下來會對心理健康有不良影響。

整體來說，西方人比東方人更常用直接的方式表達情緒，談戀愛時也傾向在自然的情況下告白，如果被拒絕也不會有心理陰影或玻璃心碎滿地甚至死纏爛打。東方社會常見的「迂迴戰術」或上海女人流行的「作」，譬如明明就喜歡對方卻故意讓人碰釘子，以考驗誠意；明明不喜歡對方卻不直接表明，給人模稜兩可的感覺，外國人可能看不懂這些「小心機」，因此不適用。最好從一開始就展現真實的自己，切忌欺騙或玩心理遊戲。

【方法4】不崇洋，不盲目

在英國生活超過十年，我看過許多為了外籍伴侶而放棄自我原則的臺灣妹子，不僅很為他們心疼，也很想告訴他們，這樣的妥協不但不會得到對方尊重，有時甚至會換來他的輕蔑，覺得可以對你予取予求。

我要大聲疾呼，和外國人交往千萬不要有「外國的月亮比較圓」的觀念，絕對不要因為對方是外國人就放棄自己的底限，無論選擇長期交往的對象或攜手走一輩子的伴侶，一定要睜大眼睛，不要被對方的外國人身分所迷惑。外國人也是人，不該有差別待遇。

舉例來說，無論和哪一國人交往，基本原則包括忠誠的態度、平等的相處模式、彼此信任、互相體諒、幫助對方，都是舉世皆然的準則，如果對方有任何行為和這些普世價值牴觸，一定要開誠布公好好溝通，不要因為對方是來自不同國情的外國人就破例接納。

【方法5】一起努力獲得雙方家人的認同

前面第八節提到，異國戀的其中一大障礙是來自父母的壓力，如果想要長長久久，甚至以結婚為前提交往，能否得到雙方家長的理解扮演了非常關鍵的角色。

一般來說，想讓父母對外籍伴侶產生好感，多安排他們交流會很有幫助。譬如外籍男友來臺灣旅遊，可以安排他見見你的父母和親友，雙方見面前也務必給外籍男友上一堂「臺灣人際互動禮儀課」，讓他熟悉和臺灣長輩互動時有哪些「Dos and Don'ts」。初次見面時携帶適宜的伴手禮也會讓長輩增加好感，不用是非常貴重的禮物，而是能讓對方感受到用心的禮物。

無論身為臺灣人的你或來自異國的另一半，想要得到彼此家人的支持與祝福，真的需要一起下一番苦心，才能做好介於外籍伴侶與自己父母之間的橋梁。

【方法6】和對方一起設定目標

除了得到雙方父母的支持，兩人如果對未來有共識，也應該積極討論對未來的規畫、短期和長期的目標。

我和讀者先生交往一年後訂婚，從那時起我們就知道未來的長期目標是結婚。即使後來經歷了一年半非常辛苦的遠距離戀愛，但因為對長期目標有明確共識，知道分隔兩地不是遙遙無期，而是有個期限，我們才能堅持下去，撐過結婚前的遠距苦戀期。

奉勸所有正在發展異國戀情的朋友們，一定要趁早討論雙方對未來的規畫與目標，如果對方的人生藍圖裡並沒有你，或你所占的比重很小，那也不用花太多時間經營這段看不到未來的關係了。尤其如果必須經歷一段遠距離的過程，先設定好目標才能評估這段關係的停損點。

【方法7】用心維繫遠距離戀愛

異國戀的主角是來自不同國家的兩個人，當其中一人必須回到自己的國家，遠距離戀愛就成了一種必然，而對遠距離異國戀而言，時間與距離是兩大課題。

以時間來說，最需要克服的是時差問題。我和讀者先生結婚之前，曾有一年半的時間是我在臺灣、他在英國。英國和臺灣的時差有著夏令和冬令的差異，在夏天是英國晚臺灣七小時，冬天則是晚八小時。也就是說，每天早上我起床去上班時，他可能正要去睡覺；我晚上下班回到家時，他則是下午正在上班。如何讓兩人互相配合時差下的作息，還能保持密切的聯絡，的確深深考驗著遠距戀人們。

當時我們說好，無論工作多忙碌、行程多緊湊、時間安排如何困難，每天一定要至少視訊一小時，加上互傳大量簡訊，除了讓對方參與自己的生活，也能讓對方安心。

除了時間以外，距離也是一大問題。英國到臺灣目前只有華航直飛，航程大約十三．五小時，搭乘其他航空公司班機則要轉機，至少十六小時，加上機票所費不貲，種種距離造成的挑戰讓異國戀的困難度更上一層樓。

我和讀者先生在這一年半中只見過五次面，每次大約一星期，只有最後一次因為是籌備婚禮，他才在臺灣待了三個月。很多人知道我們當時見面次數這麼少，都覺得非常不可思議，但正因為聚少離多，每次見面都充分把握在一起的分分秒秒，結婚後也更珍惜這段得來不易的緣分。

我經常對正在經歷遠距離戀愛的人說，遠距離戀愛雖然很苦，但苦得值得，因為一旦撐過這段考驗，你們的關係會更緊密、更堅固。

【方法8】訓練自己忍受寂寞的能力

異國戀時常伴隨著遠距離，特別要加強忍受寂寞的能力，才不會讓戀情出現裂痕，或讓其他人乘虛而入。最好的方式是自我充實，參加培訓課程、發展一技之長、培養多元興趣，不只能讓自己成長，也能擴大社交圈、拓展人脈。

心態上，我建議不妨把遠距離關係的優點放大，譬如正因為分隔兩地，才有機會積極享受自己的時間。要知道，在像婚姻這種長期關係裡保有「自己的時間」是非常重要的事，總是黏在一起，甚至到了緊迫盯人的程度，不只讓另一半感到窒息，對自己的心理健康也有負面影響。即使兩人終於結婚，或終於結束遠距離關係，正式同居，偶爾還是需要保留一段自己的時間。

遠距離這段期間，正是培養自己享受「自己的時間」的最佳時機。

以上綜合我的個人經驗與多年對異國戀人的觀察，歸納出八點建議，希望這些實用的經營哲學能幫助到所有正在談異國戀，且希望戀情能開花結果的人，祝大家都能和真愛結成正果。

Mrs Reader's Notes

讀者太太的人妻真心話筆記

◇ 異國戀邁向成功的第一步是，認清彼此一定會因為文化差異造成爭執的事實。

◇ 財務獨立是人格獨立的指標，也是兩人關係中相互尊重的基礎。

◇ 千萬不要有「外國的月亮比較圓」的想法，絕對不要因為交往對象是外國人就捨棄自己的底限。

◇ 如果必須經歷遠距離戀愛，不妨將這段期間看作是培養自己享受「個人時間」的最佳時機。

12 「神隊友」還是「豬隊友」？

經營粉絲專頁八年多，我時常和粉絲分享我如何在工作和家庭間取得平衡，除了妥善運用時間管理的技巧，我最感謝的是老公讀者先生。沒有他的心理支持與實質幫助，我不可能在有兩個年幼孩子的情況下還堅持自己的理想，不僅從事我熱愛的行銷公關業、斜槓發展個人品牌，還在臺灣兩大知名媒體平台開設專欄，更在一年內寫完兩本著作。

我最常被粉絲問到的問題，就是我如何在結婚前就知道對方是「神隊友」。我想運氣雖是其中關鍵，但其實「魔鬼就在細節裡」。如果在交往過程中掌握一些蛛絲馬跡，細心觀察對方的一舉一動，就能從中判斷他在結婚後到底是讓人搖頭的豬隊友，還是讓兩人事業與生活都愈來愈好的神隊友。

以下不藏私分享我在結婚前，用哪些方法來判斷讀者先生不但是我的Mr Right，更是一位神隊友的觀察重點：

【重點1】觀察他的家人

雖然英語字典裡沒有「孝順」這個字，但不代表英國人就沒有家庭觀念，相反的，我身邊的英國人和家人的關係都很緊密，尤其是和父母之間，更能感受到他們彼此充滿愛的親子關係。

以我自己為例，我和讀者先生才交往幾個月就見過他的家人。

第一次見到我的未來公婆是因為讀者先生臨時起意，我連原本穿去野餐的T恤、短褲都來不及換就去了，他們看到我一身休閒打扮也沒有覺得哪裡不妥，非常熱情地招待我。婆婆是典型英國人，第一次見面就用自成一格的幽默感讓我留下深刻印象。他們一家人都是走自然路線，不會特別拘泥形式或禮數，我發現自己和讀者家的頻率接近，都是真誠待人並帶著一點幽默。

除了觀察對方家人的氣質、風格、個性以外，注意他和家人的互動，還有家人彼此的互動也非常重要。

讀者先生一家人的互動非常密切，每週至少見一次面。即使和父母很親近，他並沒有出現媽寶行為，意見不合時，做兒子的會和父母理性溝通，做父母的也不會用情緒勒索去強迫孩子順從己意。

他的父母彼此間也相當尊重，兩人關係很平等，沒有誰應該做得比誰多，或誰總是茶來伸手、飯來張口，譬如我婆婆是家裡的廚師，我公公則負責洗碗和其他粗重家務。當時，我大概在心裡就隱約勾勒出未來我們共組家庭的景象，因為子女的很多行為都是複製父母的行為模式，讀者先生從小看著父母平等分工的相處方式，自然也認同這個原則，並在組織家庭時成為和我公公一樣的神隊友。

【重點2】觀察他的朋友

中文有句成語叫「物以類聚」，英文也說「Birds of a feather gather together」，所以判斷一個男人是否靠譜，可以從觀察他身邊的朋友做起。

我還在和讀者先生約會時，他時常帶我去參加他朋友或鄰居舉辦的派對，所以我有很多機會可以觀察和他私交不錯的朋友是怎樣的人，也可以從那些朋友口中聽到他們對讀者先生的評價，這些資訊都能有效幫助我做判斷。畢竟人像鑽石一樣有很多面，從不同角度觀察可以更深入理解一個人。如果發現對方的朋友不務正業、沒有正當收入，或腳踏多條船，甚至曾有賭博、吸毒等犯罪經驗，那麼我的忠告是「早點閃人」，因為「近墨者黑」的道理中外皆然，一定要多加注意對方的交友狀況。

也許你會說：「如果我的男人沒有朋友怎麼辦？我該從何觀察起呢？」但我想你更需要擔心的是：為何他會沒有朋友？因為天生孤僻？人緣不佳？甚至另有隱情？如果他天生是宅男個性，沒有朋友，那你很可能要做好心理準備或再多加觀察，他輕則是有社交功能障礙，重則把你當作他的生活重心，事事都想干涉或控制，或許不到「恐怖情人」的程度，但也會帶給人非常大的壓迫感。

【重點3】觀察他的居家空間

英國人成年後就不會繼續住在家裡，除了倫敦以外的房價都在一般人負擔得起的範圍內，所以三分之二的人擁有自己的房子。換句話說，去交往對象的家裡看看也不失為觀察的重點，從購屋地點、家中擺設等細節，能全方位了解他的生活習慣、經濟情況、個人品味。

此外，拜國情所賜，英國男人普遍會做菜，如果對方邀請你到他家共進晚餐，也可以順便觀察他的做菜技巧、整潔程度，這在將來組成家庭時，絕對是用來判斷對方是否為神隊友的重要指標。我在前面分享過我和讀者先生約會時因為去他家共進晚餐，發現他廚藝不錯又有愛乾淨的好習慣，後來也證明了他在結婚後真的成為幫忙分擔家務的神隊友。

【重點4】觀察他和小朋友或動物的互動

無論你將來結婚後打算走頂客族路線，只養小動物不養小孩，或打算生數量多到可以組一支棒球隊的小孩，結婚前都要觀察交往對象與小孩或動物的互動。如果他天生就是照顧小朋友或毛小孩的好手，而且樂在其中，那麼恭喜你，對方八成是共組家庭的神隊友。

我和讀者先生交往時就發現他對小孩特別有一套。他身為家中長子，又是家族裡年紀最長的孩子，從小就時常照顧弟弟、表弟妹、堂弟妹。即使他沒結過婚，也沒有和有小孩的女人交往過，照顧孩子卻像是與生俱來的能力，隨便一個親戚或朋友請他代為照顧小孩，都能駕輕就熟。

我也發現小朋友們很喜歡讀者先生，在他面前乖乖聽話，原因不是他長得有威嚴，而是他會傾聽孩子的童言童語，並尊重他們的選擇和意見，小朋友們自然會覺得讀者先生和自己是「同一國」。

沒有養過寵物的讀者先生和動物們的互動更是讓我意外，我們所有朋友的狗都對他非常熱情，彷彿知道他是善良、不會傷害牠們的人。記得有位獸醫朋友曾對我說過：

「動物不會說謊，牠們的反應最真實。」

所以他看人的方式就是依據小動物的反應來判斷。這個理論乍聽之下有點極端，但我後來從自己的人生經驗中發現這番話其實滿有道理的，提供給各位參考。

以上四個觀察重點，是我用來判斷另一半是神隊友還是豬隊友的參考依據。但我也建議，不妨相信自己的直覺。互動時的感覺是最真實、最直接的，如果察覺到任何不對勁的地方，或心中隱約有不安的感覺，可能表示對方不是你的 Mr Right，不需要浪費多餘時間在他身上，否則一味強求，即使未來結了婚，可能也不會幸福。

Mrs Reader's Notes

讀者太太的人妻真心話筆記

◊ 婚前觀察對方和原生家庭的互動，有助於了解和他組成家庭後對方會接近哪種角色。

◊ 觀察對方身邊的朋友，有助於判斷他是否靠譜。

◊ 觀察對方的購屋地點、家中擺設、整潔度，能全方位地了解他的生活習慣、經濟情況、個人品味。

◊ 觀察對方和小朋友或小動物的互動，因為小孩和動物不會說謊，他們的反應最真實。

Chapter 3

Marriage Life

步入禮堂之後

The Truth is...

A misguide to
a successful cross-cultural marriage

13 外籍配偶體質總檢查

前面幾節談了好多異國戀的障礙，包括文化背景的不同產生不一樣的金錢觀與人生態度，以及來自雙方父母的壓力。如果你都一一克服，戀情也順利開花結果，並完成結婚登記等法定手續，請千萬不要以為人生從此風平浪靜，王子和公主可以一起過著幸福快樂的生活。

真實人生不是童話故事，異國婚姻有時不但不是好萊塢電影，可能比鄉土劇更灑狗血。這可不是危言聳聽，尤其如果你必須放下家鄉的一切、遠離親愛的家人朋友，隻身前往另一半所在的國度，更是如此。移居異國不只需要愛的力量與一鼓作氣的勇氣，更需要具備一些「特殊能力」，才能讓海外生活遊刃有餘，而不是一直像個異鄉人般難以融入。

這節就來談談出發到國外展開外籍新娘或新郎的生涯前，有哪些需要注意的準備工作，同時也從這些項目中，檢視一下自己是否具備「外籍配偶的體質」。

【檢查1】把自己當成白紙

無論你原本在自己的國家多有優勢，初來乍到別人的國家，挫折是一定會有的。

新國家的社會文化脈絡與自己國家不同，這裡也很少人認識你，不像在自己的地盤，有看著你長大的家人親戚，有和你一起長大的同學朋友。即使你本來在家中是被父母捧在手掌心的寶貝，在學校是無人不知的風雲人物，但在一個新國家，這些習以為常的一切都會瞬間消失，重新歸零。你需要結交新的朋友，重新建立自己的生活圈和社交圈，也必須練習和另一半的家人建立新的家庭關係。

我認為最需要心理調適的是在職場裡扮演的角色，因為極可能面臨一段時間的「職位洗牌」。也就是說，即使在原本職場是一人之下、萬人之上的高階主管，到了異國卻無法馬上將國內經歷接軌國外職場，導致有一段時間必須從基層做起。

我訪問過的職場菁英裡，就不乏原本是某跨國企業大中華區總監級的人物，但來到英國的第一份工作，卻是降了好幾級的一般職員。這說明了不管在臺灣有多優秀、在職場如何呼風喚雨，來到別人的國家就是從零開始。這個國家的雇主不熟悉臺灣文憑，對臺灣職場也不了解，即使你的履歷上寫滿了豐功偉業，他們也不敢輕易信任你，造成求職時「工作挑你」比「你挑工作」的機率大很多。

這種時候，除了要保持自信，告訴自己目前的困難只是一時的，還要把自己當成白紙，不要為自己設限，也不要期待別人應該如何對你。畢竟是你主動移民到別人的國家，所以要調整心態的是自己，而不是一味奢望這個新社會會自動為你改變。

我也想特別強調，把自己當成一張白紙不是貶低自己的意思，而是培養自己的彈性與韌性。當遇到以前不曾遇過的挫折，提醒自己這是移民的必經過程，同時不妄自菲薄。

我一直用「二十英鎊紙鈔說」來勉勵粉絲：**如果你是一張二十英鎊的紙鈔，即使掉到水溝變髒變皺依然價值二十英鎊，不會貶值成十英鎊或五英鎊，所以一定要記得自己的價值，不要被外在環境影響。**這個我自己發明的理論陪伴我度過移民英國初期的低潮，現在分享給所有即將出發的外籍配偶們，希望這句話也能幫你打氣加油。

【檢查2】努力學習外語

移民第一個會遇到的問題就是語言障礙。即使原本就學過該國的官方語言，一旦搬去當地，對多數人來說還是有需要加强的空間，所以學習外語的能力也是移民的必備能力。

試想，如果連和當地人溝通都有障礙，要如何發展自己的社交圈、找到適合的工作呢？難道要一輩子依賴另一半嗎？即使另一半願意，建立在一方完全依賴另一方的婚姻關係一定不會長久。尤其如果你移民的國家是歐美，當地的社會風氣是追求個人的自主性，依賴心强的人可能會覺得自己格格不入。

找到工作後，因為當地語言不是母語，更要努力加强，寫報告或發email時拼字務必再三檢查，口語發音也要到位，不需要訓練到有當地口音那樣道地，但還是力求咬字清晰、文法正確，才能和同事、客戶做有效的溝通。

【檢查3】加強適應能力

或許你在正式移民前就多次探訪過外籍另一半的國家，但移民到當地，還是有很多文化衝擊等著你去磨合。這個磨合期可長可短，視每個人的適應能力而定，換句話說，磨合期的長短取決於你的彈性與韌性。

以我自己為例，我讓自己很快適應與臺灣截然不同的英國生活，包括氣候條件、飲食習慣、價值觀、社會文化。除了我本來就是個能很快調整心態與生活習慣的人，我也堅持一個原則——多和當地人接觸，而不是只找臺灣人取暖。我相信多和當地人交流絕對是融入異國社會的最佳方式。

除了生活之外，我也讓自己快速融入英國職場文化。十年多以來，我幾乎是全公司極少數，甚至唯一的外國人，連英國同事都曾對我下過「香蕉」評語：他們覺得雖然我的外表是「黃的」（指黃種人），但思想根本是「白的」（指西式的），證明我高度融入英國職場。

值得一提的是，英國雇主十分重視人際互動能力，如果無法克服文化衝擊，順利融入新環境，即使專業能力很强，也難保在英國職場能發展順遂。

【檢查4】培養應變能力

在異國生活一定要機警一點，才不會上當或被欺負，畢竟是在別人的國家求生存，不强悍（tough）一點不行。當然，這裡說的强悍，不是對所有外國人都兇巴巴地武裝起來，而是多留一份心觀察周遭情況，隨時做出適當的應變，並妥善使用資源保護自己。

舉例來說，亞洲人最擔心的是到了西方國家會受到種族歧視，但種族歧視在大部分西方國家是被禁止的，尤其在英國職場更是大禁忌。只要平時關心英國時事、了解社會文化，就會懂得如何用制度來保護自己。如果在職場遇到種族歧視的霸凌事件，千萬不要默默隱忍或被動接受，催眠自己這是外來移民的原罪，然後每天過著悶悶不樂的生活，而是該即時向人資部反映，以保障自己的權益。

【檢查5】學習和自己獨處

很多人只看到旅居海外光鮮亮麗的一面，卻忽略了離鄉背井需要付出的代價。除了長年見不到家人朋友，生活在不同時區也較難維持密切的聯絡，加上西方社會重視個人的獨立性，即使交了英國朋友，彼此間的相處模式也和臺灣不盡相同。

我的觀察是，移民英國後會有很多獨處時間，也時常要自己照顧自己。如果你原本是有媽媽打理一切的媽寶，或是被工具人男友寵壞的嬌嬌女，到別的國家展開新生活前，請謹慎思考是否具有照顧好自己，甚至能享受獨處的能耐。

//

當你快要放棄時，想想婚姻的初衷

身為一個二十八歲時因為想給自己一年的「空檔年」（gap year）而出走英國，結果意外成為英國人妻、在英國定居超過十年，並成功發展自己職涯的「外籍新娘」，我想給所有還沒出發的「準外籍配偶」們一個忠告：請牢牢記住，**你移民的原因是「愛情」，即使到了國外，和另一半要面對的是充滿柴米油鹽的愛情，而不是粉紅泡泡的愛情，但只要愛情本身沒有變質，這些都是婚姻的必經過程。**

在異國當外籍配偶這條路可能沒有你想像的輕鬆，或許會遇到很多挑戰與不適應，有時會讓你很想抓狂。但在快要放棄時，請把初衷拿出來溫習一下，這裡說的初衷，就是愛情。

以上經驗分享提供大家參考，如果檢視後發現自己的確具備外籍配偶體質，就先祝各位幸福快樂，在海外揮灑出人生的新頁。

Mrs Reader's Notes

讀者太太的人妻真心話筆記

◇把自己當成白紙不是自我貶低，而是培養彈性與韌性，這會決定你的異國生活磨合期有多長。

◇如果你是一張二十英鎊的紙鈔，即使掉到水溝仍然價值二十英鎊，請記得自己的價值，不要被外在環境影響。

◇在異地生活要懂得靈機應變，並善用資源保護自己。

◇移民後會有很多獨處時間，必須培養能享受獨處的能耐。

14

辦婚禮的藝術

幾年前我因為工作的關係，遇到一位即將成為英國人妻的中國女生，他知道我老公也是英國人後，迫不及待問我許多關於辦婚禮的問題。原來他一直對家中長輩在「聘金」上的堅持感到很煩惱。

當他第一次向我提起聘金這件事，我還以為自己聽錯了。我從來沒聽過英國人結婚會向男方要聘金，同時也很好奇，他是怎麼和不了解中國文化的英國籍未婚夫，用英文解釋聘金這個聽起來非常八股的概念。

記得當時他非常哀怨地描述，身在中國的父母一聽到未婚夫沒房沒車，很擔心女兒嫁過去會「吃苦」，所以在聘金上更加堅持；但反過來說，英國籍未婚夫從來沒聽過結婚需要付一筆錢給女方家長這種事，感到一頭霧水，甚至覺得女方家庭是不是有「賣女兒」的嫌疑。

除了聘金這個讓外國人很難認同的習俗外，中國妹子和英國未婚夫雙方對於舉辦婚禮的地點也各執一詞。

女方父母當然希望獨生女在中國舉辦一場別開生面的婚禮，至少要邀請幾百位來賓，昭告所有親戚朋友家族裡多了個洋女婿，這樣才有面子。但男方生性低調，認為婚禮辦得小而美就好，只要約雙方覺得重要的家人朋友來參加，而且也不必鋪張，最理想的形式是在英國區公所登記後，大家再一同上餐廳慶祝，不需要搞得特別隆重盛大。

原本即將要結婚的兩人，因為籌辦婚禮鬧到幾乎要分手，中國女生著急地問我該怎麼辦。

像這樣因為討論婚禮事宜而吵到不可開交的故事，在臺灣多多少少都聽過，說明了大家對婚禮細節的期待不同，算是個普遍現象。然而當其中一方換作是來自另一個文化的外國人，事情的複雜度就會大幅提高，畢竟婚姻是人生大事，東西方文化對舉辦婚禮各有不同的傳統習俗，如果雙方都堅持己見，這個婚大概很難結成。

從「兩家人的婚禮」到「兩個人的婚禮」

當時我已經在英國定居五年多，英國人妻資歷和現在比雖然不算太深，但對英國文化已經非常了解，我只用了一個方法，就讓這位中國女生找到說服父母退讓的說辭。後來雙方也真的協調成功，先是在英國開開心心辦了場小而美的婚禮，也回到中國辦了簡單的家族聚會，算是對女方家長有個交代，而聘金這件事自然從清單裡被劃掉了。

首先我告訴這位中國女生：既然彼此來自不同文化，就需要尊重、包容，如果其中一方的習俗已經變成另一方的壓力，那麼雙方或許該各退一步，互相妥協，畢竟你要嫁的是你老公，他娶的也是你，不是你的一整個大家子！

接著我進一步向他分析目前的情況：如果男方家長也堅持要照英國傳統習俗來舉辦婚禮，所有婚禮相關費用其實是由女方家長來負擔呢！中國女生大概作夢也沒想到英國竟然有這樣的傳統。其實連我自己第一次聽到時也很驚訝，實在太不符合一般人對英國人講究兩性平等的印象。那究竟為什麼會有這種傳統呢？

原來在一千多年前，女權意識還沒有在英國發展起來時，女兒被視為包袱，為了提高女兒們順利被娶走的機率，女方家人會包辦所有婚禮相關費用，希望用這個方式讓男方更有迎娶的意願。這種變相「物化」女兒的傳統觀念在現代英國已經不是主流，但還是有比較傳統的家庭始終堅持只要女兒結婚，就一定支付所有婚禮費用。

當然，目前我認識的英國人裡，結婚費用不外乎是雙方家庭各出一半，或小倆口憑自己的力量舉辦符合自己經濟條件的婚禮，也比較不會像臺灣的傳統婚禮那樣邀請許多父母輩的客人。和臺灣人或亞洲人相比，**絕大多數英國人的婚禮，比較接近「兩個人的婚禮」，而不是「兩家人的婚禮」**。

有趣的英國婚禮習俗

除了婚禮費用由女方家長買單以外，以下歸納其他英國傳統與迷信，有些很可愛，有些很浪漫，有些則是完全沒有根據，但卻成為代代相傳的文化，提供給有興趣知道的讀者參考：

【習俗1】婚禮「四寶」

傳統上，英國新娘會在結婚當天準備四寶——「有借」（something borrowed）、「有藍」（something blue）、「有舊」（something old）、「有新」（something new），也就是向朋友借一樣東西、準備一個藍色配件，再加上全新和舊的東西各一件，並全部穿在身上。

之所以要準備這四件東西，其實和英國人相信「有舊」代表新婚夫婦仍然能和原生家庭保持一定的連結有關；「有新」代表新婚夫婦要開始新生活；「有借」則象徵家人朋友對新婚夫婦的支持與關懷；至於「有藍」是藍色象徵忠誠與永恆，所以古羅馬也有句諺語叫：「結婚穿藍，海枯石爛。」（Marry in blue, lover be true.）

【習俗2】結婚前一天準新人不能見面

這個傳統源自遠古時代的英國，當時婚姻被視為一種交易。尤其如果女方家的經濟條件不好，會希望女兒嫁給大富大貴的男方，而如果男方看過女方長相，因為不符合期待而反悔，對女方父母來說是一種損失，因此才發展出結婚前準新人不能見面的傳統。

直至今日，婚姻早就建立在自由戀愛的基礎上，雙方當然見過面，但許多西方人仍堅持這個傳統，深信雙方如果在結婚前一天見了面會帶來厄運。

我婆婆當年要嫁給我公公的前一天，公公買了條金項鍊，希望婆婆能戴著它美美地嫁給自己，所以特地把項鍊送去婆婆家。但婆婆的媽媽非常緊張，深怕兩人見了面會有厄運，所以堅持不讓他們相見，由婆婆的媽媽代為轉交。婆婆收到項鍊時心裡當然覺得非常甜蜜，這種結婚前一天的「倒數等待」，似乎也為準新人帶來一種浪漫。

【習俗 3】婚禮噪音

英國人有個很可愛的婚禮習俗，和臺灣的放鞭炮有點像，就是當新人剛從教堂或其他地點完成婚禮儀式，要離開現場時，會以大搖鈴鐺或大按汽車喇叭的方式慶祝。據說這個傳統來自古代驅邪的迷信，祖先們相信，只要製造大量噪音就能趕走惡靈，和我們過春節時用鞭炮嚇走年獸的傳統有異曲同工之妙。

【習俗4】把新娘抱過門檻

新人完婚回到兩人的家之前，新郎要把新娘用「公主抱」的方式抱進家門，**聽**起來是不是很浪漫、很有電影畫面？但這其實不是因為英國人天性浪漫，而是源自傳統迷信，他們相信這麼做能避免惡魔聚集在屋內。

〃當你的文化成為對方的心理枷鎖

說了這麼多英國的結婚習俗，主要是想提醒大家，人都有各自的文化和價值觀，千萬不要強加在另一半身上，更不要用「愛」當作情緒勒索的工具。即使你在舉辦婚禮這件事上爭「贏」了，這種無法互相理解的異國婚姻，難保不久後不會有更大摩擦，婚姻之路大概凶多吉少。

異國婚姻是一門學問，更是一門藝術，千萬別讓你的文化成為舉辦婚禮的壓力。**如果雙方連對婚禮這種形式大於實質意義的事，都無法克服由文化的不同所產生的障礙，未來兩人的婚姻生活可能也很難找到磨合的平衡點。**

提供給即將成為外籍配偶的讀者參考，祝大家辦個兩人都喜歡，而且終生難忘的婚禮。

Mrs Reader's Notes

讀者太太的人妻真心話筆記

◊ 傳統英國人的婚禮費用全由女方家庭負擔。

◊ 現代英國人的婚禮費用是雙方家庭各出一半或兩人憑己力舉辦，比較接近「兩個人的婚禮」，而非「兩家人的婚禮」。

◊ 英國婚禮四寶：向朋友借一樣東西的「有借」、準備一個藍色配件的「有藍」、準備一樣舊東西的「有舊」，以及準備一件新東西的「有新」。

◊ 其他英國婚禮迷信：結婚前一天準新人不能見面、教堂外的婚禮噪音、回到家將新娘抱過門檻。

15

麵包與奶油：異國婚姻中的柴米油鹽

英國有個十分常用的片語——「Bread and Butter」，直接翻成中文是「麵包與奶油」，其實是指生活中的柴米油鹽。西方人的主食是麵包，奶油則是主要油脂來源之一，所以用這樣的組合來形容人們賴以維生的民生必需品，真的非常貼切。

記得我第一次聽到這個片語，是我婆婆提到他年輕時如何理財的故事。

當時家裡只有我公公一人在外工作，兩人胼手胝足存下買第一棟房子的頭期款，並在短短幾年內還完貸款。我的公公婆婆都是勞工階級，結婚時完全沒有原生家庭的奧援，一切靠兩人白手起家。我公公在當時國營的英國鐵路局擔任經理，收入只能算是中等；我婆婆則在兩個孩子還小的時候當全職家庭主婦，孩子長大後才在附近工廠找兼職工作貼補家用。

在那個還是「男主外，女主內」的一九六〇年代，「Bring home the bacon」（帶培根肉回家，指賺錢養家的意思）歸為男人的責任，而維持「麵包與奶油」的充足、確保一家人不會餓肚子，則是家庭主婦最重要的任務。當然，現代英國已經是男女平權的社會，「帶培根肉回家」是夫妻雙方的責任，而確保婚姻生活中有足夠的「麵包與奶油」也是兩人的義務，畢竟「愛情不能當飯吃」的道理，中外皆是如此。

在這一節，我要向所有即將移居英國的「準外籍配偶」，簡述維持一個英國家庭的基本開銷，同時介紹在英國較為普遍的理財方式，讓大家有源源不絕的「麵包與奶油」。

英國家庭基本開銷大公開

根據二〇一九年的統計資料，一個由兩人組成的英國家庭，每月平均開銷是二千五百三十八英鎊（匯價統一使用一英鎊兌新臺幣四十元，約新臺幣十萬元），花費來源大致分為以下七大項目：

房貸／房租

這項花費和居住地區有著很深的關係。根據統計，二〇一九年大倫敦地區的平均租金約為一千五百英鎊（約新臺幣六萬元），倫敦以外地區的租金則在五百多到一千英鎊（約新臺幣兩萬到四萬元）之間，差距極廣。

值得一提的是，英國的房貸其實和房租差不多高，所以英國人傾向買房子，畢竟繳房貸至少房子最後還是自己的。

水電瓦斯

英國的冬天很冷，需要開暖氣，電費會比夏天高很多，而夏天非常短，只有一個月甚至幾個星期，所以整體來說英國電費比臺灣略高，和瓦斯費一起結算的話，平均一個月在一百到兩百英鎊（約新臺幣四千到八千元）之間。

而英國的水費計算方式牽扯到汙水處理，所以和房子大小有直接關係，房子愈大，水費愈高。以我們家四房為例，一個月的水費是六十英鎊（約新臺幣二千四百元），是我在臺灣付的水費的十倍。

網路費

以臺灣人的標準來看，英國的網路又慢又不穩定，品質完全不能和臺灣相比。在臺灣已經非常普遍的光纖網路，在英國卻不是家家戶戶都有，許多人還在使用比較慢的ADSL。但即使如此，英國的網路費可沒有比較低，一個月平均在三十五到五十英鎊（約新臺幣一千四到兩千元）。

除此之外，英國架設網路的速度非常慢，效率也很差。假設今天下單，直到工程師來家裡安裝網路，往往要等上一到兩週，而且當天工程師無預警地沒出現也是常有的事，可能需要極佳的運氣才能保證他們不但準時出現，還能在當天就把問題解決。因此對英國的網路品質，最好做個「不和臺灣比較就不會有傷害」的心理準備。

地方稅

在英國，除了學生身分以外，所有家戶必須按月繳交地方稅（Council

Tax），包括垃圾處理、圖書館、公園、道路等公共設施的維護修理，以及支付當地警察、消防隊、區公所工作人員的薪資。這筆費用的高低，和居住地區、房子價值有關，各區公所也有各自的地方稅計算方式。一般來說，徵收原則是住的房子愈貴，要繳的地方稅就愈高。

但這原則也有例外，譬如英國房價前幾高的倫敦西敏市（Westminster），地方稅卻是全英國最低，二〇二一年該區一年地方稅平均是八百二十八英鎊（約新臺幣三萬三千元），表示一個月不到六十九英鎊（約新臺幣兩千八百元），和其他動輒月繳一百多英鎊（約新臺幣四千元）的地區相比，簡直是便宜到讓人羨慕。其中原因，和當地商家多（精品店林立的龐德街、一般人血拼必去的攝政街和牛津街都在這裡），從商業活動中徵收的稅也多有關，因為這些收入來源多了，就表示地方政府向居民徵收的地方稅也較低。

交通費

另一項統計家庭支出時一定不能忘記的開銷，就是英國那高到令人咋舌的路上交通費。

英國的路上交通費在歐洲可是數一數二的高。以倫敦地鐵為例，從一區到六區的平均單程票價是五．四五英鎊（約新臺幣二百一十八元），如果使用類似臺灣悠遊卡的「牡蠣卡」（Oyster Card）則是三．七五英鎊（約新臺幣一百五十元），費用稍微低一點。即使如此，和法國巴黎地鐵單程的一．九歐元（匯價統一使用一歐元兑新臺幣三十元，約新臺幣五十七元）、西班牙巴塞隆納地鐵單程的二．四歐元（約新臺幣七十二元）、義大利米蘭地鐵單程的二歐元（約新臺幣六十元）相比，倫敦足足高出別的歐洲國家兩倍多！

以搭公車代步會比地鐵便宜一點，但以臺灣人的角度來看仍然是天價。倫敦公車一趟是一．五英鎊（約新臺幣六十元），如果買一天內可無限次數搭乘的「一日票」（Day Pass）則是四．五英鎊（約新臺幣一百八十元），搭三次就能值回票價。不過倫敦路窄車多，幾乎一整天都是尖峰時段，所以不適合趕時間的人和需要準時上班上學的族群。

倫敦以外的地區，大眾運輸網絡較不完整，公車班次也不密集，但交通費卻沒有比較便宜，還是維持和首都差不多的水準。因此住在倫敦以外的英國人多以車代步，即使在英國養車非常花錢，油價更是臺灣的兩倍多，但至少自己開車行動力比較高。

整體來說，二〇一九年的統計資料顯示，英國一個家戶平均每月花在交通上的金額是三百四十八英鎊（近新臺幣一萬四千元），和臺灣的交通費支出相比是不是貴參參呢？

伙食費

英國物價高，大部分家庭都是在家煮三餐，和臺灣人經常外食或叫外賣的飲食習慣很不同，所以這裡說的伙食費是買菜的錢。

根據二〇一九年的統計資料，夫妻兩人組成的小倆口家庭，平均一週的伙食費約為六十英鎊（約新臺幣兩千四百元）。但要注意並不包括購買酒精飲料，如果加上買酒的錢，一週至少要再多個二十英鎊（約新臺幣八百元）。如果對吃比較講究、喜歡買高級食材，費用也要再往上加。

總的來說，伙食費雖然算是種「能屈能伸」的開銷，但以兩口之家來說，基本上一個月還是必須抓個至少兩百到三百英鎊（約新臺幣八千到一萬兩千元）在真正的「柴米油鹽」上。

社交費

除了以上民生必需品的開銷，英國人也會花不少錢在社交上，譬如家人朋友的生日、公司同事聚餐、每週五固定和三五好友上酒吧小酌一番，這些活動在生活中扮演非常重要的角色。這方面的開銷較難估計，因為和居住地區的物價、每個人的社交圈大小有關，但每個月平均預留個一百到兩百英鎊（約新臺幣四千到八千元）在社交上是非常普遍的。

英國在二〇二〇年和二〇二一年因為COVID-19疫情曾數度封城，餐廳和酒吧關閉好幾個月，不同家戶間也不能隨意互訪，使得社交費大幅降低。讀者先生甚至在這段期間存下一筆足以買新車的基金，由此可見社交費在英國人的開銷比重有多大。

英國人的投資方式

了解在英國生活的基本開銷後，如果想在固定薪水外增加收入來源，除了斜槓兼差，也流行以下幾種投資方式：

置產

以買房作為投資在英國算是最熱門的理財方法，除了和英國房價大多在人民可負擔的範圍內（倫敦地區除外）有關，也和他們流行「階段性買房」脫不了關係。

階段性買房的意思是，在人生不同階段買不同類型的房子。譬如二、三十歲單身或剛結婚的年輕人，買的通常是小房子或公寓；等到有了孩子，會換成四房以上的大房子；而老年空巢期，會再換成只有一層樓、不用爬樓梯的單層平房（bungalow）。

如果經濟能力許可，很多英國人會把舊房子保留下來，當包租公、包租婆來增加收入。英國移民多、租屋需求高，不論倫敦市區或倫敦以外的房子，往往一推出就秒殺，一個月內一定租得出去。

但要注意的是，在英國當房東其實很辛苦。尤其房子和公寓不一樣，這裡的房子就是我們臺灣人說的透天厝，一整棟需要維修的地方從屋頂、地下室、車庫到花園無所不包，不像公寓只是一棟建築物裡的一間或一層樓，需要修繕的外部結構有限，再加上英國工人又貴又難搞，和他們周旋也是件會讓人爆血管的事。如果想以置產作為生財之道，本身熱愛DIY或對房屋修繕充滿熱忱，絕對是必要條件。

存款

和亞洲不同，英國人普遍沒有儲蓄習慣，到了中年還是賺多少花多少的「月光族」，這個現象應該和英國的社會福利政策較好有關。失業能獲得補助金，低收入戶或有未成年人的家庭也享有額外福利，造成和東方人相比，英國人比較沒有用儲蓄來未雨綢繆的觀念。

但在英國也是有很多存錢管道，最基本的是所謂的ISA帳戶，最大好處是免稅。英國政府規定每人可以申請一個ISA帳戶，只是免稅額有上限，每年會調整，利息也不是太高。

如果想要有比較高的利息，可以參考許多銀行推出的「regular saving account」，類似臺灣的「定期定額」，指每個月固定存一筆金額到特定帳戶，存滿十二個月後可以解約，或選擇繼續存滿下個週期。但通常有存款上限，而且金額不高，在三千到五千英鎊（約新臺幣十二萬到二十萬元）以內。

值得一提的是，如果一個英國人開始存錢，通常都是因為有很强大的動力，而這個動力就是「花錢」，譬如買房、買車、結婚、來場奢華的夢幻度假之旅，或是其他需要砸錢的人生目標。總之，英國人的錢不太留得住。

基金或股票

如果覺得存款利息太低，希望以投資基金或股票來開源，英國也有許多投資商品，無論自己操盤或找專業投資顧問代操，都有非常多選擇，但建議還是要多做功課，如果不知從何入手，可以參考英國理財達人馬汀・路易斯（Martin Lewis）的網站。

異國婚姻和所有婚姻一樣，雖然建立在愛情的基礎上，一旦走入家庭，就要接受生活充滿柴米油鹽的事實。英國雖然沒有「貧賤夫妻百事哀」的說法，但適當學習財務規畫，不只能保障生活品質，對兩人關係的長久發展絕對有益。以上洋洋灑灑向大家介紹在英國生活的基本開銷，並以我自己的觀察提供各項開銷的範圍，希望能幫助即將來英國生活的人大概抓一下預算。

Mrs Reader's Notes

讀者太太的人妻真心話筆記

◊ 根據統計，兩人組成的英國小家庭每月平均開銷為二千五百三十八英鎊（約新臺幣十萬元）。

◊ 英國最熱門的投資方式是買房，除了房價普遍在人民可負擔的範圍外，也和「階段性買房」的風氣有關。

◊ 如果對在英國如何理財有興趣，可以參考馬汀．路易斯（Martin Lewis）的網站。

16 人人都需要私人空間

幾年前看到雜誌報導，奧斯卡影后葛妮絲．派特洛（Gwyneth Paltrow）和酷玩樂團（Coldplay）主唱克里斯．馬丁（Chris Martin）離婚，並於四年後的二〇〇八年與美劇製作人布萊德．佛查克（Brad Falchuk）再婚。

葛妮絲和現任老公都曾有過一段婚姻，並各自帶著上一段婚姻的孩子步入禮堂。他們從一開始就決定，為了慢慢讓彼此的四個孩子適應這個全新的重組家庭，婚後維持住在各自原本的住所，一週只一起住四個晚上。

兩人的家相距不遠，如果有急事也可以互相照應，但堅持一週只共度四晚，其他三天在各自住處享受個人空間，如此新潮的做法，據說被許多國外老夫老妻羨慕，更受親密教練（Intimacy Coach）認可，說這樣的相處模式會讓夫妻更尊重彼此的獨特性，也更珍惜兩人相處的時光。

偶爾「分房睡」的理想婚姻生活型態

其實不只葛妮絲夫妻，許多西方現代夫妻對婚姻的相處模式也開始有不同的想法。

《華爾街日報》曾報導，愈來愈多熟齡結婚的夫妻婚後依舊住在各自原本的住處，保有個人空間與財務獨立。婚姻專家甚至分析，這種突破傳統、不一直住在一起的生活模式有助於維繫婚姻，尤其對講究「私人空間」（personal space）的西方人來說，更是非常理想的婚姻生活型態。

我想起很久以前看過一個談話性節目，討論主題是兩性關係，一位受訪者說，婚後絕不和老公睡在同個房間，而且如果經濟能力許可，他甚至不要和老公住在同個屋簷下，最理想的狀態是彼此住在對面。如果偶爾要約會，老公就不用看到他化妝前和準備中的樣子，只會看到他打扮好的美美模樣。

當時我大概十歲，完全不確定長大後會不會結婚，但聽到這樣的新鮮言論，覺得滿有道理的，於是隱隱約約想著：以後假使我長大結婚，一定要有只屬於我一個人的空間。只是在寸土寸金的臺北，這樣的夢不只需要勇氣去做，還需要非常努力賺錢才能達到。

誰知道二十多年過去，我竟然嫁到英國。在這個幾乎人人都住獨棟房、住公寓反而是少數的國家，要擁有一個自己的專屬空間，變成相對容易達到的目標。我現在住的房子是兩層四房的格局，如果把閣樓算進去就是三層五房，花園深處還有個很大的儲物間，算是另一個可以使用的空間。

當初買這棟房子就是看中它有許多空間。我和讀者先生說好，把其中一間房間改成我的更衣間，裡面全部放我的衣服、鞋子、包包、配件，也要照我喜歡的風格來裝潢，是我自己的「愛美小樂園」；身為音樂人的讀者先生也說，要把閣樓改成他的音樂工作室，可以在自己的「創作小天地」裡作曲、錄音、練薩克斯風。

就這樣，我們夫妻倆雖然沒有極端到一人一間臥房，但還是有各自的私人空間。在那裡，我們是自己百分之百的主人，就像婚前單身那樣，可以任性地用自己喜歡的顏色和擺飾裝飾房間，不像家裡其他的共用空間，需要考處實用性和另一半的品味。

甜蜜，但不要負荷

事實上，「私人空間」指的不只是物理空間，還延伸到每個人的心理空間，而有足夠的心理空間是英國人很在意的事情。

正如前面章節强調過，英國人從小就建立了每個人都是獨立個體的觀念：小北鼻才剛出生不久就被父母放到嬰兒房，練習自己睡一整晚；交情再好的同學，不會像我小時候在學校那樣結伴去上廁所；再關心孩子的父母，不會時時刻刻盯著孩子功課做了沒；至於親密的夫妻兩人，也不會二十四小時黏在一起，反而有各自的事業、興趣或社交圈。

大家太習慣有自己的空間了，太黏人或不夠獨立的另一半有時會被英國人視為「甜蜜的負荷」。然而時間一長，「甜蜜的」這三個字可能會被消磨殆盡，只剩下單純的「負荷」，不但會為兩人關係造成陰影，甚至埋下將來分手的種子。

奉勸所有有心和西方人交往或正在和西方人交往的朋友們，一定要適時給予另一半足夠的私人空間，才不至於把對方逼到「心理窒息」的地步。如果你即將成為英國人的終身伴侶更是要如此，相信我，他一定會很感激你。**給予另一半私人空間對維繫異國婚姻來說，比會煮一桌好菜或買性感睡衣增進閨房情趣都來得重要。**

成為媽媽後更需要私人空間

私人空間有時會以「時間」的形式出現，也就是一段能「做自己」的時間。這種時間在單身時可以盡情揮霍，而一旦有了另一半就變成非常稀有珍貴的時光。更不用說當了父母，時間都被孩子占去，這種專屬於自己的時間就顯得更重要了。

記得我即將生下長子小龍包之前，一位和我情同姊妹的英國好友就提醒我，當媽媽後還是要保有私人空間，才能讓自己喘息。當時我似懂非懂，默默把他的話記在心裡，果然在小龍包出生後，我很快就發現這個忠告真的太實用了。新手父母有很多手忙腳亂的時候，一切都還在摸索，每天在邊做邊學中度過，生活重心都是孩子，忘了自己除了媽媽的身分外，其實還是一個「人」，有許多不同角色和人生目標等著去實現。

就在小龍包出生後大概一個月，某天晚上難得小龍包很早就睡了。那晚，我和讀者先生兩人坐在院子裡，吹著夏天的晚風，一邊喝著他特調的雞尾酒，一邊閒聊放鬆，彷彿回到之前還在約會時的景象，兩人都覺得暫時放下爸爸和媽媽的角色，心裡輕鬆不少。

此時我才終於了解英國好友的那句忠告——**無論人生進到哪個階段，都不能忘記適時保有一段「自己的時間」，即使只是短短半小時或一小時，也能從當下的角色中暫時抽離出來，幫自己充個電；等電充好，再繼續穿梭在不同角色裡，盡好為人父母、子女、配偶等責任。**

//

務實的英式浪漫

女兒小龍女出生後，我成為兩寶媽，面對家裡一個當時才七歲的孩子、一個不滿一歲的嫩嬰，加上還要工作，我的理智線時常在快要斷掉的邊緣，這時私人空間就更加重要了。

記得我在休產假期間就和讀者先生說好，每天不管兩人再忙、行程再趕，我至少要有半小時做瑜伽，他至少要有半小時吹薩克斯風。在這段期間，我們暫時忘記在現實生活中的角色，完全沉浸在自己的世界，做自己喜歡的事，和自己對話。雖然這半小時並不長，但卻非常關鍵，讓我們得到充電的機會，不會被每天繁瑣的大小事消磨掉對人生志趣的堅持。

為了讓彼此充分享受這難得的片刻，當對方需要私人空間，我們絕對會一肩扛起一打二的責任，無論孩子讓我們多崩潰、家裡雜事有多少，都會獨自撐過那半小時。

這就是我們在瑣碎日常中讓彼此感受到愛的方式，非常平凡，非常實在，而且非常英式。

Mrs Reader's Notes

讀者太太的人妻真心話筆記

◊ 西方人講究私人空間，這與從小建立每個人是獨立個體的觀念有關。

◊ 不夠獨立在異國戀初期會被視為「甜蜜的負荷」，時間一長則可能埋下分手的種子。

◊ 有了孩子後更需要保有私人空間。不要忘了除了爸爸媽媽的身分外，其實你還是一個「人」，有許多不同角色和人生目標等著去實現。

17

愛情不是把另一半鎖住

自從二〇一一年搬到英國後，就聽到許多同為英國人妻的臺灣太太們抱怨自己家的英國老公太愛上酒吧（Pub），經常放他們獨自一人在家很寂寞。聽到這種抱怨，我的直覺反應是：他們應該還是「資淺」英國人妻，沒調整好和英國男人的相處之道。

根據我的觀察，如果要嫁給英國人，請做好放生另一半上酒吧的心理準備。十個英國男人中，九個愛和哥兒們上酒吧，尤其是週五晚上，上酒吧幾乎和基督徒週日上教堂一樣是理所當然的事，其重要程度遠遠超過我們東方人的想像。為什麼？因為這是英國人習以為常並滲透到其DNA裡的社交文化之一，就像臺灣人喜歡去KTV狂歡、上咖啡廳聊天一樣，是社交生活中很重要的一環。

不是英國人的外國人可能很難理解，為何酒吧在英國人心目中有著如此難以取代的地位。事實上酒吧不只是喝酒的地方，更是放鬆紓壓、聯絡感情的場所，更重要的是大家可以一起大聊足球賽事（誰叫足球是英國的全民運動！）或新聞時事，交換彼此對各種議題的看法與觀點，而酒吧這個功能才是英國人最看重的。

二〇二〇年英國因為COVID-19的影響，很長一段時間酒吧處在關門狀態，對英國整體經濟造成十分嚴重的打擊，也對英國人民的心理健康造成不小的影響，足以顯示酒吧在英國人心中幾乎是「民生必需品」的地位。

也許你會問：「既然英國男人那麼愛上酒吧，那何不和自己的另一半一起去？或是帶著另一半一起參加哥兒們的聚會？」

如果你腦海中有這個念頭，表示還不夠理解英國人。即使親密如夫妻，也保有自己的心理空間與時間，不會每天黏在一起，也不可能每次出門都帶著另一半，況且男人們的聚會談的話題多為球類賽事，女生很難有共鳴。如果你因為英國老公或男友經常上酒吧而悶悶不樂，大概不會得到英國人的同情，反而會被認為不夠獨立自主，缺乏自己的生活重心和社交圈。

我會這樣說，不是因為我天生就有「英國魂」，思維方式和英國人一樣，其實這是我的親身經歷教會我的。如果要真正融入英國社會，**不想活得像個怨婦，就必須接受「愛上酒吧是英國男人的原罪」這件事**。「不要把另一半綁住」，絕對是到英國當「外籍配偶」必修的第一堂課。

英國老公讓我成為一個獨立自主的女人

記得剛移民到英國的頭幾個月，讀者先生知道我人生地不熟，想幫助我熟悉環境，所以每天陪著我，無論去到哪裡都帶著我。

但漸漸我發現，每到週五晚上他就坐立難安，一直在手機上回其他人訊息，感覺好像有什麼事放在心上卻又不敢說。後來他終於向我坦承，其實他在結婚前的人生中，幾乎每週五晚上都和哥兒們一起上酒吧小酌，聊聊彼此的生活近況或討論新聞議題，但出於照顧我的理由，自願選擇暫停這個行之有年的習慣。但現在覺得自己好像已經到了臨界點，所以希望我「放生」他去酒吧。

這裡要先說明一下讀者先生的個性，他是個非常老實的人，無論有任何飯局或社交活動一定都會先徵求我的意見，我同意他去他才會去（當然啦！我也是個很理性的太太，九成情況下我都會答應，除非我當天也不方便，需要他留在家才會拒絕）。他在外面也會主動報備，譬如到了聚會場所就向我通報，回家前也一定會打電話或留言告訴我。總之就是非常尊重另一半想法，也很願意讓另一半掌握行蹤。

當他這樣「懇求」我的時候，我當然就只能讓他去，不然就算把他留在家裡，他還是心繫酒吧，似乎也沒什麼意義。但是我也必須承認，結婚的第一年，我非常不能接受他每逢週五晚上一定要和哥兒們上酒吧的習慣。

當時我十分苦惱，甚至去問其他英國女生，當中有人是好幾個孩子的媽，有的是堅持只養狗不生孩子的頂客族。但無論是哪種身分，他們異口同聲地表示，不但不介意另一半每週五晚上「消失」幾個小時，甚至十分享受伴侶不在身邊、自己獨處的時間。記得其中一位年紀和我差不多的英國女性友人和我分享，他會利用男友週五晚上去酒吧的時間，好好在家泡個澡、修指甲、敷面膜，靜靜享受沒人打擾的時光，就像回到以前單身那樣。

那時的我覺得太不可思議了，心想如果要達到這種境界，大概要花很多時間，要用很多耐性去調適吧！但後來我才漸漸了解，之所以有這種想法，是因為我剛移民英國，在人生地不熟的情況下，才把生活重心全部放在老公身上。

不久後我找到一份理想的工作，從工作中認識志同道合的朋友，也發展出屬於我自己的社交圈。後來換成我偶爾向讀者先生「請假」，告訴他我週末要和朋友出門逛街吃飯，請他幫忙照顧孩子；他也爽快答應，甚至經常鼓勵我多參加英國朋友們的聚會，因為他知道擁有自己的社交圈對融入英國文化非常有幫助。

我也發現，這樣的分工對我們的夫妻關係有正面的影響。由於兩人時常擁有屬於自己的時間，出門的一方能毫無後顧之憂和朋友聚會，待在家的一方也能暫時揮霍難得的自由，或是享受和孩子們相處的時光，彼此都能變得更開心。當我們聚在一起，就更感謝對方的理解與支持。

現在的我完全可以理解，為何當時我的英國女性友人會表示很享受那一週一次、老公和朋友上酒吧的週五時光。我也相信，愛情不是把另一半鎖住，彼此有各自的空間，婚姻才能長久。

有時我甚至覺得，或許我該感謝讀者先生是英國人，因為他，我才能從一個原本依賴男友、以為依賴就是幸福的女孩，變成一個各方面都能獨立自主的女人。

給對方自由，不等於開放式關係

話雖如此，我也想特別強調，給對方自由，不等於放牛吃草，完全不管他的社交圈，或是各玩各的，維持所謂的「開放式關係」（當然，如果彼此事先說好要用這種關係維持婚姻生活則不在此限）。

「不把對方鎖住」是建立在彼此互相信任，知道對方在自己心裡的重量，所以不需要用「鎖」的方式套牢對方，也完全能將心態調整成不查勤、不偷看對方手機或電腦的狀態，成熟地對自己說「我相信他」。如果對方要出門，可以衷心希望他「have fun」，而不是禁止他去或堅持要當跟屁蟲，把自己弄得像個深宮怨婦一樣。

其實針對「信任」這個話題，我和讀者先生曾經開誠布公討論過，我們都承認即使結婚後外在誘惑也不可能消失，但作為彼此人生中最重要的另一半，讓我們堅持不犯錯的原因，是出於不忍心傷害對方。當時他告訴我，只要想到自己如果出軌被我發現，我會有多麼傷心難過，這樣的念頭立刻讓他將所有會出軌的可能統統排除。這番非常務實的宣言，絕對是我聽過最浪漫的話，也是最有力的反出軌理由。

後來這也成為我們夫妻間的共識——因為愛對方，不願見到對方傷心欲絕的樣子，所以絕對忠誠。**承受讓心愛的人痛苦的心理壓力，遠大過克制自己慾望的壓力**。

我也想在此破除一個最容易當成藉口的異國戀迷思，就是「他是外國人，所以和我們不一樣」的觀念。當你的外籍另一半出現不合乎常理的行為舉止，或臺灣人不能容忍的情形，請不要用這個理由來幫他辯駁。

最常見的例子就是「外國人比較開放，所以他和幾個妹走得比較近也是正常的」，或是「外國人比較注重隱私，所以他對外都不承認我是他女友」等違背常理、教人難以接受的情況。要知道，不管是不是外國人，如果彼此沒有說好是「開放式關係」，劈腿、偷吃、腳踏多條船就是不對的，這個標準放諸四海皆準，不會因為是外國人而有所改變。

我在英國住了超過十年，認識的英國朋友中九九%都和臺灣人一樣保守、忠誠，而那一%會偷吃的英國人，自己也背負著道德與輿論的壓力。對真愛的態度不分國籍，絕不會因為對方來自不同文化，對忠誠的解釋就截然不同。如果你覺得對方的行為太「博愛」而無法接受，那真的不用為他找藉口，因為他的作為已經說明他是個不專一的人，無論什麼國籍都一樣。

這一節獻給所有正在戀情裡感到迷惘的人，無論是否為異國戀，都該要有個自覺——**愛情的本質不是把另一半鎖住，其實只要是真愛，根本不需要把任何人鎖住，因為一段成熟穩定的關係，是不需要靠枷鎖來維繫的。**

Mrs Reader's Notes

讀者太太的人妻真心話筆記

◇ 英國男人每週五晚上一定會和哥兒們上酒吧（Pub），嫁給英國男人前要先做好心理準備。

◇ 給對方自由是建立在互信基礎，能成熟地對自己說「我相信他」。

◇ 我和讀者先生對彼此忠誠是建立在不忍心傷害對方，因為承受讓心愛的人痛苦的心理壓力，遠大過克制自己慾望的壓力。

◇ 如果沒說好是「開放式關係」，任何不忠誠的行為都是不對的，而且這個標準不分國籍。

◇ 真愛不是把另一半鎖住，一段成熟穩定的關係不需要靠枷鎖來維繫。

18 1加1大於2：婚姻中的團隊合作

結婚以後，尤其是有了小孩的人生，形容成每天都在考驗和另一半的「團隊合作」（teamwork）可說是一點也不為過。

結婚至今十年，我深深覺得與其說婚姻的殺手是柴米油鹽，還不如說是婚姻中的分工合作沒協調好。尤其有了小孩，夫妻吵架原因多為家庭分工出了問題，不是其中一方抱怨另一方不分攤家事重擔，就是發現自己的時間「人間蒸發」，但向另一半求助卻得不到解套，最後只好用抗議的方式，試圖爭取家務分工上的公平。

為什麼婚姻中的團隊合作在小孩出生後變得至關重要？

因為「照顧小孩」本身就是一項全職工作。英國不像部分亞洲國家有祖父母幫忙帶小孩的文化，一切得靠夫妻兩人的力量，如果雙方都有全職工作，等於兩人必須開始「斜槓」，在個人本業和照顧小孩間規畫時間與工作量，而團隊合作就成為最重要的一環。

每個人擅長的事不同，每對夫妻的分工方式也不一樣，如何分工沒有標準答案，只要雙方覺得公平可行就好。我認為最重要的是，婚姻裡的分工要達到「一加一大於二」的目標，讓彼此人生更上一層樓。那要如何達到這個目標，我有以下淺見想和大家分享：

婚姻領導學

當夫妻兩人認清「團隊合作」的必要性後，下一步就是釐清彼此的責任與義務。我想藉由領導學（Leadership）的原理，推薦幾個可以讓團隊合作達到一加一大於二的祕技。希望大家在經營婚姻時拉高格局，賦予自己「領導團隊」的重任，與另一半共同打造良好的團隊合作模式。

首先，想要讓「同事」願意和你一起合作，甚至任勞任怨為你努力打拚，作為「團隊領導者」，需要創造一個快樂的「工作環境」。這裡說的工作環境是指家庭氣氛，而你和另一半的「工作目標」就是讓婚姻關係和諧，才能讓家庭這間「公司」運作得宜。

從領導學的角度來看，打造快樂的工作環境有以下幾個好處：

- 快樂的員工表現得比較好。這不是一句空洞的口號，而是有理論根據的事實。快樂的人通常比較有創造力和生產力，處理問題時也更有效率，更重要的是流動率較低，套用在婚姻關係裡，就是比較不容易出現離婚的情況。
- 快樂的員工會為了彼此努力工作，即使團隊內部出了狀況，也傾向互相扶持，彼此打氣共度難關。
- 快樂的人會散播快樂給周遭的人，快樂的員工也會把快樂的氛圍傳播給其他同事，讓團隊中的每個人都充滿歡樂。

了解到創造快樂工作環境的重要性後，接下來就談如何落實：

即時獎勵隊員

當隊員達到符合期待的表現，作為領導者的你要給予即時的嘉獎，用具體行動表示對他的肯定。領導方的正面回應是促使團隊繼續前進的燃料，能驅動隊員對你的忠誠與信任；反過來說，如果對隊員的付出不聞不問或覺得是理所當然，長久下來就缺少了前進的燃料，自然不會有動力，你也就不要期待對方會繼續為你賣命下去。

所謂的「即時嘉獎」不必等到特殊時刻，日常生活中隨時都有機會向另一半表達。譬如我和讀者先生從結婚到現在，每天吃完晚餐都會對煮飯的那一方說聲謝謝，十年來一直維持這個習慣。雖然只是一句平凡的話，但代表著我很珍惜對方的付出，更不會視為理所當然。

確保隊員安心工作

新一代管理學認為，以威權領導團隊的時代已經過去，現在員工需要的是人性化的管理。領導者要提供隊員安全感，讓他們可以無後顧之憂地替你付出，因為在安心的環境下自然會感到快樂，進而達到你期待的業績。

套用在婚姻裡，就是提供另一半同理心、體貼、原諒，而不是咄咄逼人或脅迫對方去盡家庭分工的責任。沒有人天生喜歡在驚恐的氣氛下生活，何況婚姻不像工作，沒有下班時間，如果一天二十四小時都在緊繃的情緒下和另一半相處，離婚只是遲早的事。

如何提供讓另一半安心的環境？最簡單的是將心比心，用你希望得到的對待方式，使用在對待另一半身上。譬如你希望另一半對你講話輕聲細語，就不要用高分貝對他頤指氣使。人都是互相的，你的行為和言語其實會反射在對方回應你的態度上。

信任隊員，給予適當自由

世界每天快速變動著，以前慣用的方法可能無法順應新的改變，領導者要能鼓勵團隊創新。因此現代管理學認為，除了安全感，員工也需要信任與自由，能去嘗試新挑戰或改用新的做事方法。

在婚姻中，這一點尤其重要。如果夫妻間連基本的信任都沒有，就更不用談團隊合作了。有了互信的基礎，就該給予對方適度的自由。譬如當他想追求自己的理想，你主動承擔育兒的責任，或不插手控制對方的社交生活，尊重彼此都有自由交友的權利。尤其如果另一半是西方人，「妻管嚴」這個封號可是會讓婚姻亮紅燈的導火線。

超過十年的英國人妻經驗也告訴我，太太給予先生完全的信任和高度的自由，做先生的不但會很感激，還會加倍奉還更多信任與自由。我曾有兩、三年的時間幾乎每個月必須飛到國外出差，短則五天長則兩週，這段時間都是讀者先生一肩扛起照顧小孩的責任，一句怨言也沒有，因為他知道如果角色互換，我也會為他做一樣的事。

創造聰明的時間管理方式

前面提到，養小孩這件事本身就是一項全職工作，如果是雙薪夫妻，等於兩人必須開始斜槓，在個人本業、照顧小孩、協助伴侶工作三者間規畫好時間。

談到時間管理，每個人有自己的妙招，對我來說，以下是我認為能將婚姻中的時間管理發揮到極致的三個原則：

【原則1】理解如何排序

有了小孩就代表必須在照顧孩子和工作之間斜槓，也更需要懂得如何排序，誰叫你想做的事比別人多呢？而提到排序，我大力推薦「兩分鐘法則」和「三的法則」。

「兩分鐘法則」指的是只要能在兩分鐘內完成的工作就趕緊「順手」做完，不用寫進待辦事項清單。這些事情很小，也能很快做完，與其花時間寫進待辦事項清單，還不如一想到就直接做完。

「三的法則」則是指每天列出三件一定要完成的重要事項，只要三件就好，但無論如何絕對要完成。這個方法我用了很久，非常值得一試。事情很多時只能挑最重要的事做，完成後心情會比較輕鬆，這時再來做比較不重要的小事，就算當天來不及做完，隔天再做也比較不會有罪惡感。

【原則2】善用零碎時間

善用零碎時間是一句我從小就常聽媽媽說的話，雖是老生常談，但真的是所有為人父母的寫照啊！

有了孩子後，你的時間常常不是你的時間，不是要去接孩子放學，就是要送他去上才藝課，結果好好的一天就這樣過去了。所以做父母的一定要特別會使用零碎時間，譬如等孩子下課的時候，順便轉個帳繳才藝班的費用；利用孩子上才藝課的半小時，趕緊把晚餐的備菜工作做完。不要小看這些被切成一小段一小段的時間，如果擅加利用，許多大大小小的家庭雜事都能及時完成。

【原則3】訓練專注力

承接上一點，為了讓自己隨時處在「開工」狀態，並好好把握任何零碎時間，就需要比一般人更高的專注力，否則還沒進入工作狀態，零碎時間就結束了，這樣根本無法完成任何事。

訓練專注力無法一蹴可幾，而是需要經過長期訓練。我在臺灣從事的是媒體工作，時間壓力很大，進而訓練出隨時寫稿的能力，讓我後來無論是進入公關業寫新聞稿，或是進入行銷業寫企畫書，甚至後來在雜誌上開設專欄，基本上都是一打開筆電就能「侃侃而寫」，為我進入家庭後要兼顧全職工作頗有幫助。

以上針對婚姻生活中的團隊合作提出我的想法，特別是小孩出生後，如何從領導學的角度調適心態，和另一半打造一加一大於二的合作模式變得格外重要。希望大家都能和伴侶找到完美的分工方式，讓婚姻生活成為彼此追求夢想的墊腳石，而不是阻礙理想發展的絆腳石。

Mrs Reader's Notes

讀者太太的人妻真心話筆記

◇ 從領導學看婚姻就是肩負「團隊領導者」之責，創造快樂的「工作環境」（家庭氣氛），讓「隊員」（另一半）和你合作、為你打拚，達成「工作目標」（讓婚姻關係和諧），讓這間「公司」（家庭）運作得宜。

◇ 感謝另一半的付出不必等到特殊時刻，日常生活中隨時有機會可以表達。

◇ 團隊合作講究將心比心，請以你希望得到的對待方式，用在對待另一半身上。

◇ 想要有效管理時間，可以參考「兩分鐘法則」和「三的法則」。

◇ 有了孩子更要學會妥善利用零碎時間，並訓練專注力，讓自己隨時處在「開工」狀態。

19 異國婚姻中的職涯規畫

我時常覺得，我的異國婚姻不但改變了我的姓，讓我變成「讀者太太」，更改變了我的一生！

這聽起來有點誇張，但真的是我移民到英國成為外籍新娘第十個年頭的心得。如果不是因為離開臺灣，被迫在外國人的世界找工作、適應英國的職場文化，我今天應該還是個認分的上班族，在公司裡當個職位不高不低的主管，每天忙到沒有時間發展任何興趣，更不要提打造「讀者太太」這個個人品牌、出書成為作家。

事實上，「為愛移民」而不得不改變生涯規畫的戲碼幾乎天天在上演，無論你是轉行、改當全職家庭主婦或主夫，或是自行創業，都是如此。為愛移民和其他種類移民的最大不同，就是當事人極可能和即將移民的國家鮮少淵源，既沒有當地學經歷，也沒有當地交友圈，直接以「人生歸零」的方式在陌生國度裡重新打造自己的職涯，而這一切只為了和來自該國的另一半共度人生。

這一節就是寫給所有即將「為愛移民」的準外籍配偶，或剛移民的新手外籍配偶，提醒大家不但要有為愛移民的打算，更要有「為愛轉行」的魄力。我會以自己的故事作為例子，和大家分享我如何在異鄉一手打造發展了超過十年的職涯。

28歲才啓程的「壯遊」

先從我的個人故事說起——一個誤打誤撞、無心插柳柳成蔭的海外職涯故事。

我出生於臺灣經濟起飛的八〇年代，雖然家裡有一個舅舅和一個阿姨是留美博士，但出國讀書從來不是我的志向，我也從沒嚮往過在西方世界工作生活。我從小就覺得「臺灣的月亮就很圓」，要芭比去ＳＯＧＯ就買得到（對！我是古代人，小時候還沒有新光三越）。住在臺北市蛋黃區的我，也覺得要吃麥當勞走十分鐘就可以到，幹麼還要大費周章跑去國外呢？

聽起來很沒國際觀吧！但人生有時就是很愛開玩笑，許多從小夢想到國外念書就業的人都無緣成功，偏偏我這個對在西方世界工作生活完全不嚮往，只希望去歐洲玩一圈的人，卻在二十七歲出現重大人生轉折。

當時我擔任記者工作，在某次採訪中意外從同業口中得知一個名為「國際交換青年」（International Cultural Youth Exchange）的國際志工計畫。這位同為媒體圈的姐姐告訴我，他參加這個計畫，在比利時當了一年志工，而且只花新臺幣五十萬元就遊遍歐洲。我聽了眼睛為之一亮，完全被他的故事鼓舞，決定要在申請年齡上限的三十歲前參加這個志工計畫。於是我寄出申請表，通過兩次英文面試，被英國某個志工機構錄取，從此踏上我的「英國職涯不歸路」。

那年我二十八歲，第一次踏上歐洲的土地。

在英國當志工的這一年，我如願以償以極低預算「窮遊歐洲」，還意外認識了讀者先生。但看多了許多同期志工的跨國戀都沒有結果，我原本的心態很隨緣，並沒有想過會嫁到英國。志工簽證期滿後，雖然對這份戀情很捨不得，還是迫不及待回到臺灣。那時的我，一心只想著要利用我的海外經驗與外語能力，好好找一份國際行銷相關工作。我也很幸運地從媒體業轉行到公關業，在臺灣過著忙碌卻多采多姿的生活，累積了不少人脈，學到許多專業知識和技能，更帶領團隊拿下全公司業績冠軍。

就在事業最得意的時候，與我維持遠距離戀愛超過一年的讀者先生，竟然向我求婚！而我也竟然答應了！於是我決定遠嫁英國，放棄在臺灣辛苦建立的事業與人脈，在人生地不熟的英國重新耕耘我的職涯。

那年我三十歲，不知道自己正在迎接人生中最大挑戰。

30歲移居英國，職涯重新歸零

我移居英國的那年，正是英國經濟掉到谷底、失業率是近三十年來最低的二〇一一年。高到打破歷史紀錄的失業率，加上沒有英國學歷，已經讓我的英國求職路困難重重。更雪上加霜的是，英國華人的工作機會約九成集中在倫敦，不是我所在的英格蘭中部，使得我的求職過程比住在倫敦的臺灣人更加坎坷。

此外，住在英國的華人如果沒有金融業、科技業或學術界背景，從事的工作大概就是中文銷售人員、中文客服人員，或是在與華語地區有國際業務往來的公司擔任行政人員這三大類，符合我專長的公關業或行銷業職缺相對又更少了。

當時的我每天瘋狂投簡歷，投了兩個多月，全都像石沉大海般毫無回應。這對職涯始終一帆風順、工作總是一個接著一個的我來說，是人生前三十年從未經歷過的挫折。雖然自信心嚴重受挫，我還是秉持著臺灣人那股「愛拚才會贏」的精神繼續努力。

與此同時，我定了一個求職策略——「先求有，再求好」。我調整求職方向，開始申請非行銷公關類的工作，也針對每個職缺認真撰寫訴求不同的求職信（cover letter）。果然這個策略奏效，移居英國的第三個月，我終於得到第一個面試機會，是來自英國名校華威大學（The University of

Warwick），雖然最後沒有成功得到那份工作，但後來陸陸續續有其他面試機會。

累積多次面試經驗後，我終於在第六個月得到第一份正式錄取邀約。近一年後，我在一所英國教育機構找到行銷相關工作，擔任國際業務協調。服務了兩年半後正式回歸我的本業，成功跳槽到一間歷史悠久的整合行銷公司，擔任公司裡唯一的華人業務經理。而在二〇二一年，我被挖角到另一間更大的行銷集團，入行至今超過七年。

斜槓發展

終於回到我的老本行，但我並沒有從此覺得人生了無遺憾，反而利用我在英國行銷業學到的技能與經驗，一一應用在打造個人品牌上。

我開始毛遂自薦，利用之前在臺灣的人脈，主動接觸臺灣知名媒體，自告奮勇撰寫與英國職場、行銷趨勢、生活風格有關的文章，更在二〇一六年英國舉辦脫歐公投時開始撰寫時事評論的文章。後來漸漸打開知名度，在

《商業周刊》、《天下雜誌》、臺灣康泰納仕等知名媒體集團網站上開設我的專欄，除了導流至我經營多年的Facebook粉絲專頁「讀者太太在英國」外，也成功打造了「讀者太太」這個個人品牌，成為名副其實的斜槓。

事實上，我之所以在行銷本業外開始斜槓，是深受英國文化的影響。我在英國工作多年，發現身邊的英國同事幾乎都在正職外有著「隱藏版」才藝。以前在學校工作時，一位老師是業餘鼓手，另一位老師從十八歲就組團玩吉他。而我服務過的第一間行銷顧問公司更厲害：一位主管級人物私底下身兼攝影師和畫家身分，畫展更是開過好幾次，是名副其實的才女；我的直屬主管平時是西裝筆挺、周旋在跨國企業老總間的重要人物，一到週末或假日就搖身一變成知名DJ，是夜店裡最能掌握氣氛的靈魂人物。

此外，也經常聽說某某客戶白天是在跨國公司呼風喚雨的銷售總監，私底下是出版了好幾本推理小說的大作家；某某供應商CEO白天在辦公室裡爭取幾百萬的大案子，晚上則是爵士酒吧老闆，自己也會拉低音提琴（double bass）。

不用說別人，我家老公讀者先生就是最典型的斜槓，除了正職是教書，也是薩克斯風手兼作曲家。因為他的關係，我間接認識許多英國音樂人，當中很少人是全職音樂家，他們都有一份自己喜歡的工作，但同時不放棄對音樂的熱愛。

總而言之，斜槓在英國不是最近才興起的新鮮事，而是英國人長久以來奉行的生活態度和人生哲學。看到他們從斜槓中發展一技之長，進而達到工作與生活平衡，我非常認同，起而力行，以我最擅長的寫作出發，從寫部落格開啟我的斜槓生涯。

我時常覺得，要不是因為移民英國，我不會受到這種風氣的影響，也不可能斜槓成為作家、行銷人、個人品牌經營者，因此我才認為，我的職涯規畫與我的異國婚姻有著密不可分的關係。

當然，分享我的故事，目的不是鼓勵每個為愛移民的外籍配偶都要努力求職或斜槓，而是讓大家思考自己的職涯規畫。

移民到國外後，或許你的專長無法直接對接當地勞動市場的需求，只好學習新技能轉行；或許當地生活開銷龐大、育兒成本過高，你決定成為在家相夫教子的全職媽媽；又或許你在英國看到華人才能掌握的商機，透過臺灣的人脈、語言的優勢，以及對亞洲文化的了解，創業成為企業家。

不管是哪一種，我建議大家把這些選項當成人生的轉機，保持開放的態度，在變動中找到屬於自己職涯的新角色與定位，同時也不要忘記為自己加油打氣，永遠不要因為在異鄉受到挫折就失去自信，看輕自己的價值。

Mrs Reader's Notes

讀者太太的人妻真心話筆記

◇「為愛移民」極可能是以「人生歸零」的方式，在陌生國家重新建立職涯。

◇移民後必須重新規畫職涯，過程雖然辛苦，卻也是人生轉機，以開放的心態找到自己的新角色與定位，更不要因為在異鄉受挫就看輕自己。

Chapter 4

The In-laws

認識你的
異國親家

The Truth is...

A misguide to
a successful cross-cultural marriage

20

法律上的一家人

不管是異國婚姻還是本國婚姻，和另一半結婚後，無論你喜不喜歡、願不願意，對方會「附帶贈送」原生家庭的一家人。

這群與你沒有血緣關係，卻自然而然成為一家人的人，在臺灣叫「姻親」，也就是「因為婚姻關係而成為一家人的親戚」；在英國，這群人叫作「in-laws」，表示你們在「法律上」是一家人。想融入另一半的家人原本就不是件容易的事，如果這群人還是來自與你完全不同文化背景的外國人，困難度可能會更高。

討論完約會、交往、步入婚姻這三大「主菜」後，這一章就要來談談異國婚姻的「配菜」，也就是你的外籍配偶附送給你的「驚喜禮物」——來自他原生家庭的家人。至於是驚還是喜，就要看個人運氣了。

首先我想介紹以下幾個和臺灣稍微不同的英國人家庭觀念。理解他們的家庭觀念，相處時受到文化衝擊的震撼程度應該會小一點。尤其如果你和我一樣，離鄉背井隻身嫁到英國，想要融入英國社會，不妨把融入另一半的原生家庭當作融入這個新國家的第一步。

英國冠夫姓比例遠高過臺灣

嫁到英國前，我以為英國和臺灣一樣很少人婚後冠夫姓，但出乎我意料的是，在女權意識高漲的英國，我認識的每對英國夫妻，太太幾乎都將自己的姓換成丈夫的姓。我也就「入境隨俗」，將自己的姓改成「Reader」，直接翻譯成中文就是「讀者」，才有了後來的「讀者太太」。

英國人冠夫姓的比例到底有多高呢？

根據統計，一九九四年竟然有九四％的女性婚後選擇冠夫姓，這個驚人數字在近幾年來漸漸降低到七五％，但和臺灣相比仍保有「壓倒性勝利」。之所以有這樣的風土民情，其實和世界上大部分地區冠夫姓的理由類似，傳統上女人被視為夫家的「所有物」或「財產」，所以在結婚後將父親那裡得到的姓氏換成丈夫的姓氏。

這個觀念在現代已經不存在，但長久下來早已約定俗成，成為大部分英國人覺得理所當然的習慣。加上考慮到有了小孩，一家人的姓氏一樣在某些情況會比較方便，譬如出國旅遊檢查護照時，如果媽媽隻身帶著姓氏和自己不同的孩子，偶爾需要出示證明關係的文件。這種務實考量，讓許多英國現代新女性自動選擇在婚後冠上夫姓。

儘管冠夫姓目前在英國是主流，但不代表英國保有「嫁雞隨雞，嫁狗隨狗」的家庭觀念，也不是因為女人承受著來自夫家的壓力才「不得不」冠上夫姓。相反的，英國的女權意識在全世界算是數一數二的高，如果一位英國女性選擇冠夫姓，大多是出於務實理由，而且一定是出自本身意願所做的決定。許多女性還流行保留自己婚前的姓氏（maiden name），一般會放在自己的名字和丈夫的姓氏之間。

隨著兩性平權意識愈來愈高漲，近年來甚至出現丈夫選擇冠上太太姓氏的風潮。我的一位英國男同事就是這樣，他在婚後將自己和老婆的姓氏改成「兩人的姓氏」，譬如假設他叫David Smith、太太叫Anne Brown，那麼他們婚後的名字就是David Brown Smith和Anne Brown Smith，是不是非常「公平」呢？

我想英國女人之所以不覺得冠夫姓有矮化女性的嫌疑，應該是因為現實生活中兩性地位平等，家務分工也很平均，不需要透過保留自己的姓來强調自己在婚姻關係中，甚至社會地位上的平等。

我的親身經驗也是如此，不論我自己、我婆婆或我小叔的太太，我們這三位「讀者太太」即使都選擇在婚後放棄原來的姓，改冠夫姓，但在婚姻關係中和老公的地位是很平等的，絕對沒有感到喪失個體的獨立性，或成為夫家附屬品的感覺。

〃稱呼另一半的爸媽，叫名字即可

我在臺灣就聽過外國人不太講究稱謂這種事，無論是爸爸的父母還是媽媽的父母一律叫「Grandpa」或「Grandma」，而爸爸或媽媽的兄弟姊妹也一律叫「Uncle」或「Auntie」，甚至乾脆互叫名字也是常有的事，不像臺灣有一大堆親屬稱謂。

然而當我嫁到英國，聽到我的妯娌直接喊我公婆的名字，而不是叫「爸媽」或「公婆」，我必須很老實承認真的不太習慣，心中的「儒家思想」悄悄作祟，總覺得畢竟我們是晚輩，這樣大剌剌用名字稱呼公婆似乎有點不敬。但英國人沒有讀過《論語》，他們的思想也不存在需要尊稱長輩的觀念，就像英文裡的「你」就是「You」，沒有「您」的概念，是一樣的道理。

當時我告訴老公，說我可能不會像小叔的太太那樣直接叫公婆的名字。加上我剛嫁到英國時，我的公婆寫了一張卡片給我，表示他們是我在英格蘭的爸媽，讓我感到非常窩心，所以我結婚後就一直和我老公一樣，稱呼我公婆為「Dad」和「Mum」，和我身邊已婚的英國朋友十分不同。我的公婆也感覺到，我這個從臺灣來的媳婦總是一直叫他們爸爸媽媽，讓他們感到格外親近，也真的把我當成女兒看待。

當然，這裡不是建議所有外籍配偶一定要稱呼另一半的父母為爸媽，更不是暗示只要這樣做就保證一定能得到公婆的疼愛。我認為和西方人相處，態度自然是最重要的，只要用真誠的心去和另一半的家人交流，雙方維持一個舒服的相處模式，大多數情況下互動都不會太差。

整體來說，英國的公婆或岳父岳母不會期待媳婦或女婿稱呼他們為爸媽，反而認為被晚輩直接叫名字有種非正式的親密感。但如果你和我一樣，覺得直接喊長輩的名字很不習慣，希望以Dad和Mum稱呼自己「在法律上的爸爸和媽媽」，他們也會非常高興，而且有助於你融入另一半的家庭哦！

三代同堂不常見，長輩帶孫比例偏低

在英國，除非你的另一半是印度裔、巴基斯坦裔，或來自其他亞洲國家背景的英國人，不然不太可能會被要求結婚後要和對方的父母同住。

事實上，大部分英國人在十八歲成年後會選擇搬出去住，除非有特殊原因，繼續和父母同住的情況十分少見。英國文化強調每個人是獨立的個體，成年後就不該再依賴父母；相對來說，英國父母也沒有「養兒防老」的觀念，不會期待子女長大後供養他們。

這樣的想法並不會因為有了孫子就改變。畢竟生孩子是個人選擇，自己生了就要自己養，不該期待年邁父母在家幫忙帶孫子或分擔育兒壓力。英國人也認為，即使父母已經退休，每天有很多空閒時間，也是他們應該享受的自由，不該被孫子綁住。

從父母的角度來看，雖然英國父母很樂意在子女要求幫忙時偶爾照顧孫子幾小時或幾天，也很享受含飴弄孫的樂趣，但很少主動提出要成為主要照顧者。英國老人大多有一套自己的生活規畫，平時就忙得自得其樂，加上他們尊重孩子，知道教育小孩應由父母主導，旁人不該隨便干涉，即使是祖父母也一樣。

如果你和我一樣，結婚後移民到英國，或其他講究個體獨立性的歐美國家，可能要有一個心理準備——單打獨鬥、沒有後援的育兒生活是常態。不管生幾個孩子，每天能與你分工合作照顧小孩的，就只有另一半而已。像臺灣那樣，有來自自己父母和先生父母的龐大育兒應援團，從小孩出生的第一天就願意提供整天的照顧，在西方社會不太常見，雖然不是完全沒有，但絕不是主流，更不要視為理所當然。

再婚比例高，同父異母或同母異父是常態

另一個我在英國社會觀察到的普遍家庭現象是，離婚後又再婚的比例非常高。

許多家庭裡夫妻其中一方，甚至雙方會將前一段婚姻或關係中的孩子帶進後來再組的家庭，因此家庭成員組合經常有繼父母和繼子女，兄弟姊妹間也時常是同父異母或同母異父的關係。大部分的英國人不太會排斥非親生子女，畢竟如果想和另一半共度一生，就要概括承受對方的一切，當然包括他的過去。

舉個實際的例子：我的英國女性同事L明年即將結婚，嫁給一位與前妻育有兩個女兒的男子，他們同居期間L已經開始負擔兩位繼女的生活開銷，儼然一副「準後母」的架勢。他自己沒有小孩，但樂於擔負未婚夫的育兒責任，畢竟愛一個人就要包容他的一切，包括他的孩子。

雖然我們讀者家族裡沒有人曾經離過婚，或在其他關係中生過孩子，但我身邊許多英國朋友或同事的確是這樣的家庭組成，卻也從來沒聽說過有人會歧視這種現象。與講究血緣關係的東方社會相比，英國人似乎存在著更大的包容性。

我有一位也是住在英國的臺灣朋友就曾告訴我，他的英國婆婆生了三個兒子，每個來自不同父親，所以姓氏不一樣，但都和媽媽住在一起，在共同背景成長，這三個同母異父兄弟的關係非常緊密，與親兄弟絲毫沒有差異。

了解以上幾個基本的英國家庭觀念後，在面對「法律上的一家人」時，心中能較有拿捏的準則，對於和臺灣明顯不同的文化差異，也不至於太大驚小怪。

下面兩節裡，我再來介紹如何和「法律上的一家人」維持良好關係，以及如果不幸遇到婆媳問題該怎麼辦。

Mrs Reader's Notes

讀者太太的人妻真心話筆記

◇ 英國女性冠夫姓比例遠高過臺灣，但不代表女性地位低落，而是英國女性基於務實考量下做的選擇。

◇ 英國媳婦或女婿大多直接稱呼公婆或岳父母的名字。

◇ 英國長輩帶孫比例低，生小孩前請做好和另一半單打獨鬥、沒有育兒後援的打算。

◇ 英國人大多不排斥和自己沒有血緣關係的繼子或繼女，而是連同另一半的孩子也一起關愛與照顧。

21

英國是否有婆媳問題？

很多人知道我嫁給英國人的第一個反應，就是問我「英國是否有婆媳問題」？尤其是在臺灣受婆媳問題困擾的朋友，特別喜歡問這個問題，想知道除了「外國的月亮可能比較圓」以外，「外國的婆婆是否也可能更好」？

作為一名資深英國人妻，在此我想鄭重澄清這個迷思——「婆婆」這個身分是不分國籍的，所以「婆媳問題」也是沒有國界的。

如果一個婆婆和他的媳婦處不來，主因極可能和他的思想與人品有關，和他來自什麼國家或文化反而沒有必然關係；相反的，如果他和媳婦相處和睦，則是他的觀念與個性使然，和他來自東方社會或西方社會沒有絕對關聯。換句話說，文化背景所造成的誤會，一般在互相磨合後會漸漸消弭，而真正跨不過去的，是和文化無關的心結。

我敢這樣說，是因為我住在英國的十年來看了太多異國婚姻裡的婆媳關係，各式各樣、有好有壞。譬如我和我的婆婆情同母女，但我也有朋友從結婚第一天起就不斷被婆婆看不順眼，甚至被問過「臺灣有沒有冰箱？」這種離譜的問題，讓人不禁懷疑這個婆婆不是太沒常識，就是歧視外國人。

我可以很肯定地說，英國當然有婆媳問題，就像全世界任何地方都有婆媳問題，但不代表婆媳問題就一定會發生在每個英國家庭，就像不是每個臺灣家庭都存在著婆媳問題。

婆媳問題的本質是兩個世代的觀念差異

如果不幸在英國遇到婆媳問題，該怎麼解決呢？

我認為看待婆媳問題，不妨把它當作兩個世代間的代溝問題，雖然不一定能完全解決，只要認清本質是世代間的觀念差異所引發的，就比較不會陷入哀怨的情緒，糾結於自己沒有受到公平的對待。

無論東方或西方，婆婆的生長背景和我們有著極大不同。許多婆婆依舊停留在年輕時的傳統觀念，認為女性成為太太和媽媽後，最大的功能與責任就是在家相夫教子，當個傳統定義上的好媽媽。

目前英國社會風氣早已不像婆婆們當年那樣，現代女性無論當職業婦女或全職媽媽都會得到尊重，國家也制定男女同工同酬的法律來保障女性的就業權益。然而，不是每位來自上個世代的婆婆都能將傳統觀念升級成現代觀念，因此在一些婆婆眼中，媳婦如果是職業婦女，而且位居要職，或是事業做得比較大，需要忙碌於工作，就是沒有以家為重心，是很「母湯」的行為。

我的婆婆和許多英國婆婆相比，算是非常開明的長輩，他主張女人要有工作，要有經濟能力，也在我忙於工作時偶爾幫忙分擔育兒責任。某次我要出差飛去法國前，他剛好在我們家幫忙偽單親的讀者先生照顧小龍包，還特地幫我準備一份三明治，讓我帶著在去機場的路上吃，讓我非常感動。

但就連如此貼心的婆婆也曾經語重心長地對我說：

——「這麼常需要出差的工作真的不太好，你要不要考慮換一個？」

在婆婆的想法裡，工作是顧好家庭的前提下才去考慮的。他承襲年輕時被灌輸的觀念，認為女人照顧好孩子和先生是當務之急，行有餘力才出門工作賺錢，這樣的人生和工作型態對女人來說才是最完美的；至於其他像是成就感、自我成長、實現夢想等就業原因，統統不如「能兼顧家庭」這點來得重要。

即使婆婆和我各自對工作的看法不太一樣，但不會導致我們關係緊張，每個人都有自己的價值觀，只要不妨礙到別人就好。這點我從讀者先生和父母的相處模式中就發現。譬如脫歐公投時，讀者先生投給「留歐」（remain），我公婆則是「脫歐」（leave）支持者，兩方政治理念不同，偶爾會爭辯，但從不曾見他們撕破臉。我想這和英國父母尊重孩子，不會把自己的價值觀強加於孩子身上有關。

婆媳問題的原因與解法

認清婆媳問題是來自兩個世代間的觀念差異後，我們再來探討婆媳問題發生的原因。

一般來說，婆婆之所以對媳婦不滿，許多時候是來自「不希望兒子吃虧」的心態。畢竟兒子是自己的「心頭肉」，套句我們臺灣人最常說的，兒子是媽媽的「前世情人」，想保護兒子、照顧兒子的心情是身為母親一生放不下的牽掛，難免會擔心寶貝兒子是否遇到「壞女人」，或是不懂得爭取自己的權益、被欺負等。

當這樣的思維框架，與前面提到的「男主外，女主內」傳統觀念加乘，很容易上演類似以下劇情：婆婆發現兒子每天上班累得像條狗，回到家還要幫忙太太分擔家務與育兒責任，不但覺得兒子太辛苦，更直接幫媳婦貼上「不盡責」的標籤，卻完全沒考慮到媳婦也是每天上班累了一整天，於是對媳婦心生不滿，從此種下婆媳之間的心結……

看到這裡，你是否已經發現，看媳婦不順眼的婆婆，很多時候癥結點是「護子心切」的想法凌駕一切，而不是毫無緣由地單純討厭媳婦。所以我認為，要阻斷婆媳問題最直接也最有效的方式就是，和老公兩人一起用實際行動讓婆婆知道，他的兒子現在過著很快樂的生活，沒有受人欺負、沒有被壓榨、沒有吃虧，如此一來，任何一個心態正常的婆婆為兒子高興都來不及了，也就不會有閒工夫挑剔媳婦。

也許你會說：「有些婆婆就是打從心底不把媳婦當成一家人，對待媳婦和對待自己的兒子女兒有很明顯的落差，那該怎麼辦？」

其實這個問題凸顯了你對婆婆的錯誤期待。畢竟婆婆本來就和你沒有血緣關係，有點「大小眼」很正常，就像你也不一定會把婆婆當成親媽一樣看待，這些都是人之常情。

我認為，想要打造良好的婆媳關係，最重要的第一步是在心態上建立好「婆婆不是媽媽」的心理準備。唯有認清這點，才不會糾結於「為何婆婆對我不如其他人」的迷思。在我的看法裡，比較需要難過的是親生母親對你不好，而不是婆婆對你不好，各位覺得有道理嗎？

當你做好以上心理準備，在經營婆媳關係的路上已經往正面方向前進一大步了。接下來我再分享一些務實操作的小撇步，以備不時之需，因為你永遠不知道來自上個世代的婆婆何時會說出讓人翻白眼或翻桌的話，甚至做出讓人跌破眼鏡的行為。

【解方1】裝傻就對了

要承認，裝傻是上帝賜給人類的一大武器，無論婆婆發表了哪些不合時宜的言論（譬如「女人在家帶小孩就好了，上什麼班！」），或在重要的家族聚會說了一句非常政治不正確的評論（譬如「還好我的金孫長得不像東方人！」），「裝傻」都是最完美的反應，適用於任何令人尷尬的場合。尤其身為外籍配偶的我們，假裝突然間聽不懂這句英文，絕對是最合理也最順理成章的解決方法。

針對「還好我的金孫長得不像東方人」這句話，我想特別補充，我聽過滿多臺灣太太說他們的婆婆曾在言語間透露這樣的心態，我認為這種時候不需要在心裡上演種族歧視的玻璃心小劇場，因為婆婆可能只是希望孫子長得和自己比較像，和他是不是歧視亞洲人無關。

當然，如果婆婆平常言行就流露出「萬般皆下品，唯有英國高」的態度是另當別論。如果不幸遇到這種婆婆，我的忠告是「保持距離」，反正他不喜歡外國人，你也不需要用熱臉去貼他的冷屁股，尤其英國三代同堂家庭非常少見，想要保持距離其實不難。但我也必須老實說，如果夫家的人有種族歧視的傾向，這場異國婚姻會比較辛苦——不是身為外國人的太太要有堅強的「戰鬥力」，幫自己爭取權益，就是身為本國人的先生要努力調整家人的觀念，並為太太主持正義。

【解方2】睜一隻眼，閉一隻眼

除了裝傻外，也可以選擇突然出現「暫時性耳背」，直接忽略婆婆說出不中聽的話，請記得：不需要回應婆婆的每一句話，有時不發表言論也是一種表態。

以同樣邏輯思考，如果婆婆做出明顯偏心的舉動，請睜一隻眼、閉一隻眼，不用特別反應。婆婆不是媽媽，偏心本來就是正常的，就像你也不可能用對待親媽的規格去對待婆婆，何必硬是要求婆婆將自己視如己出呢？

【解方3】交給老公處理

以上兩個方法，目的都是避免和婆婆針鋒相對。

和來自上個世代的老人家發生爭執，就算吵贏了，以後見面會很尷尬。

再說婆婆活了一大把年紀，早就積習難改，吵贏他的機率根本不高，不用白費力氣。

其實我認為想要消弭代溝，爭吵是最沒有用的，還不如用一些小技巧，譬如讓老公去溝通、讓婆婆和自己的孩子去協調，才會有效。事實上，老公在婆媳關係中扮演了舉足輕重的角色，一個明事理、有擔當、體貼、關心太太、會主動為太太發聲的老公，是不可能讓自己的老婆低聲下氣受委屈的，所以你和婆婆的關係自然不可能太差。換句話說，老公是可以決定婆媳關係良好與否的關鍵人物，因此奉勸所有姐妹們，這點在結婚前就要眼睛放亮仔細觀察。

掌握異國婚姻婆媳關係的原則，其實和本國婚姻一樣，需要多一點同理心去理解上個世代的傳統觀念、多一點包容心去體諒婆婆內心擔憂兒子會吃虧的小劇場，但最關鍵的，還是在於另一半是不是個有肩膀的好老公。

以上是一點資深人妻的觀察，提供給所有即將步入婚姻，或剛成為新手人妻的讀者參考。

Mrs Reader's Notes

讀者太太的人妻真心話筆記

◇ 婆媳問題沒有國界，如果婆婆和媳婦處不來，和他的思想與人品有關，和他來自什麼國家或文化沒有必然關聯。

◇ 把婆媳問題看作兩個世代的代溝問題，比較不會陷入哀怨的情緒，糾結於自己的處境。

◇ 婆婆看媳婦不順眼大多是基於「護子心切」，所以要用實際行動讓他知道，他的兒子現在很快樂。

◇ 婆婆不是親媽，有點大小眼很正常，就像我們也不一定會把婆婆當成親媽看待。

◇ 老公是決定婆媳關係的關鍵人物，結婚前要仔細觀察他是不是一個有肩膀、願意為太太發聲的男人。

22

我的讀家婆婆

上一節談了許多在異國經營婆媳關係的心法，這一節就來和大家介紹現實生活中的一位英國婆婆——我的「讀」家婆婆。

我婆婆出生於英格蘭中部工業城的勞工階級家庭，是十三個孩子中的老么。天生古靈精怪的婆婆，從小願望是當喜劇演員，然而四、五〇年代的英國社會仍然普遍存在著「男主外，女主內」的價值觀，所以他在二十出頭和公公結婚後就專心在家相夫教子，並沒有追求自己的理想。儘管如此，仍然藏不住與生俱來的喜感，舉手投足間充滿逗趣的「哏」，一開口更是經常出現「金句」。

他第一次見到我時，一臉認真地看著我說：

「啊！你怎麼這麼瘦，要多吃一點！下雨天你應該不用撐傘也不會淋到雨吧！」

——意思是，他覺得我瘦到可以躲在雨和雨之間的空隙，所以不會淋濕。我從來沒聽過有人用這個神比喻來形容紙片人，如此誇張又有創意的說法，加上他面不改色地板著臉，堪稱最經典的英式幽默，絕對有當喜劇演員的實力。

外表瘦弱的婆婆只有四十幾公斤，但身上似乎有著用不完的精力，而且不只是閒不下來，更是近乎過動兒的程度。他七十多歲還親自爬上屋頂修理磚瓦；家中占地超過一百坪的花園全由他一人包辦園藝工作；偶爾來我們家拜訪還「順便」幫忙打理我家的花園，並以八十歲高齡之姿獨自砍下一棵灌木，讓人懷疑他身體裡是否藏了「金頂電池」，否則怎麼總是精力旺盛！

婆婆之所以總是停不下來，是因為從小習慣了勞動量非常大的生活方式。雖是家中么女，卻不是被當成公主般伺候，而是從很小的時候就和其他十二個兄弟姊妹一起學習家務。在那個物資缺乏的年代，婆婆身邊所有事物都是靠自己爭取而來或製作而成，舉凡煮飯烹飪、養花種菜、修補衣物、做手工、打毛線……全部難不倒他。

婆婆嫁給公公成為全職家庭主婦後當然也沒有閒著。從老照片中就能發現，當時生完孩子、快三十歲的他穿比基尼而露出的肚子，竟然有腹肌！當年可沒有健身房這玩意，婆婆的腹肌完全是因為操持家務，經常需要爬上爬下而鍛鍊出來的成果。

婆婆和公公兩人都來自勞動階級的家庭，胼手胝足靠著自己的力量，在很短的時間內存到錢，買下人生第一棟房子，並還完貸款。後來還換了坪數更大、環境更好的房子，並再次還完貸款，躋身中產階級，讓讀者先生兄弟倆從小過著生活無虞的日子。因此婆婆非常相信他堅守了一生的價值觀，就是「積少成多，聚沙成塔」。

英國婆婆為孫子做的事

我和讀者先生打算買第一棟房子時，婆婆為了讓我們盡快存到頭期款，每週主動幫我們買好下一週要煮的食材，也就是我們不需要花錢、花時間採買食物，只要每週日去公婆家時順便把菜帶回家就好了。

我的朋友不管是英國人或是臺灣人，只要聽到我說這件事都覺得非常不可思議，但更令他們驚訝的是婆婆的採買內容物。知道媳婦是臺灣人，雖然不是很清楚臺灣口味是什麼，他總是刻意買一些亞洲食材，譬如秋葵、青江菜、白蘿蔔等，這些他一輩子沒吃過的蔬菜，或是醬油（英國的龜甲萬醬油多貴啊！他卻一打一打地買給我！）、辣椒醬、芥末醬等，這些他從不曾碰過的醬料。

婆婆是典型的保守英國主婦，挑戰過的異國料理只有義大利麵和披薩，但卻願意為了我這來自異國的媳婦，嘗試買這些超越他對食物想像的東西，如此細心又貼心的舉動，讓我每次收到他採買的東西時格外感動。

我們的長子小龍包出生後，婆婆更精心準備金孫愛吃的蔬菜水果和零食，而且零食絕對買不含色素、不含糖、無添加物的那種，如果發現小龍包特別愛吃某種東西，接下來幾週的購物袋裡會一直出現它。除了吃的以外，婆婆每週的採購袋裡還有各式各樣龍包哥的衣物。小孩子長得快，小男生又好動，褲子不是過一陣子就不夠長，就是一天到晚被磨破，而婆婆及時買好的新褲子和新衣服，幫我們省了一筆龍包哥的服裝費。

二〇一九年我還懷著女兒小龍女時，婆婆就開始為這位讀者家的唯一孫女大肆採購，無論嬰兒推車或衣服鞋子，全部「超前部署」，滿心期待「讀家孫女」駕到。無奈的是，小龍女出生時剛好是二〇二〇年英國因為COVID-19而封城的時間點，婆婆無法在第一時間見到他。直到小龍女大概滿一個月，兩人才真正見到面。記得當時婆婆緊緊抱著孫女，滿滿的愛溢於言表。

英國婆婆為媳婦做的事

很愛幫孫子孫女添購物品，或許是想彌補自己一生沒有女兒的遺憾，婆婆也很愛買東西給我。

我剛嫁到英國，婆婆就很細心觀察我的喜好。當他知道我是典型的「粉紅控」，好像發現新大陸一樣，不只買了很多粉色飾品給我，還親自用毛線織了許多粉色毛衣，我這輩子擁有最多粉紅色衣物就是在這個時期。後來婆婆發現我除了是「粉紅控」還是不折不扣的「兔子控」後，更親手做了一隻粉紅色的毛線兔子給我。這些小禮物雖然不是什麼貴重東西，但令我非常感動，因為每樣禮物背後所代表的，都是婆婆試著把我當成女兒的心意。

婆婆送過我最貴重的東西，大概是他年輕時公公送他的一條金項鍊。他當時很慎重地把項鍊交給我，說是讀者家的傳家寶，希望我好好保存，但也提醒我先去銀樓估一下價，如果未來突然急需一筆錢，至少這條項鍊可以用來應急。

這就是我的英國婆婆，總是設身處地為他所在乎的人著想，這是他的浪漫，很務實的浪漫。

此外，即使婆婆受到傳統觀念的影響，曾對我的工作需要大量出差抱怨過幾句，但在教育孩子上卻展現出二十一世紀的思維，讓我非常驚訝。譬如他要給小龍包和小龍女任何東西前，一定會徵求我的同意；如果小龍包對他提出任何要求，儘管只是討零食吃般的小事，他的回答一定是「先去問你媽媽」，如果我說不行，他會立刻向小龍包解釋，並婉拒他的要求。

由此可見，婆婆百分之百尊重我教養孩子的權利，不會倚老賣老或用情緒勒索的方式影響我帶孩子的決定。因為他深深知道，**我才是這兩個孩子的**

媽媽，教養他們的方式，我說了算。

我時常覺得，我之所以很快適應英國生活，我的婆家功不可沒。我很慶幸有這樣一位「讀」家婆婆，即使他不是我的親生母親，即使他來自和我完全不同的文化、不同的世代，我們一樣可以找到互相尊重、彼此理解的平衡點，維持親密又自然的婆媳關係。

當然，任何人與人之間的相處都是互相的。遇到一位好婆婆，除了需要一點運氣，身為媳婦，我認為用真誠的心對待婆婆，是讓他也願意把媳婦當成女兒照顧的關鍵。

寫這篇文章的目的不是要「放閃」我和我婆婆的關係，而是想透過分享我眼中的婆婆，期許自己以後成為別人的婆婆時，能和他一樣，是個讓媳婦感覺很溫暖的人。

Mrs Reader's Notes

讀者太太的人妻真心話筆記

◊ 我的婆婆雖是傳統英國家庭主婦，教育孩子卻展現二十一世紀思維，堅持「媳婦說了算」原則，不會倚老賣老影響我教養孩子的方式。

◊ 想和婆婆維持良好關係，先問自己是否有真誠的心對待婆婆，因為任何人與人之間的相處都是互相的。

Chapter 5

Raising Children

混血兒
Hybrid 教養法

The Truth is...

A misguide to
a successful cross-cultural marriage

23 英式親子關係

終於步入異國婚姻，也展開和異國伴侶及他的家人相處與磨合的生活，對很多人來說，接下來的重要里程碑就是生小孩了。但異國婚姻的主角兩人因為來自不同的文化背景，對孩子的教育理念和方式也可能有差異，如果不事先溝通討論，將對夫妻關係造成影響。

在這一章我會以自身經驗，從觀念面到實務面分享英國人的育兒經，雖然是以英國為例，但西方人的思想頗有共通之處，相信也能提供給另一半是歐美人士的人一點參考。這一節先從我觀察到的英式親子關係說起。

我剛嫁到英國的時候，看到讀者先生和我公公婆婆互動的情況，覺得非常羨慕。他們不只關係十分親近，幾乎天天通電話，每週也至少見一次面，相處模式非常平等。

大家一起看新聞或討論家庭事務時，讀者先生偶爾會和父母意見不合，但不會爭得面紅耳赤，也不會有晚輩就該順從長輩的壓力，而是平和溝通，以開放的態度聆聽對方的意見。就算最後雙方還是持不同觀點，也會理解對方保有自己的看法，絕對不會用任何情緒勒索的方式去强迫對方接受自己的意見。

英國在二〇一六年舉行脱歐公投時，讀者先生和我選擇繼續留在歐盟，公婆則是脱歐派支持者，彼此政治立場分歧。每週家庭日，大家多少會聊一下時事，但我不曾看過公婆試圖改變我們的立場，或刻意避開這個話題不談；相反的，我看到的是讀者家成員認真討論彼此的觀點，也會站在對方立場盡量去理解不同於自己的思維，絕不會「一言不合」就鬧翻。

再舉個應該會讓臺灣人很有感的例子：讀者先生是讀者家第一個考上大學的人，而且是在英國排名不錯的學校，然而他大學畢業後醉心於音樂，當同學們都在努力找工作，他不知哪來的勇氣，竟然告訴雙親想到倫敦當街頭藝人，以表演薩克斯風維生。

這個決定對傳統一輩的父母是個不小的衝擊。當街頭藝人不僅收入不穩定，作為讀者家第一個上大學的孩子，這樣的職業似乎也辜負了他的文憑。但令人意外的是，我公婆不但沒有反對，還二話不說支持孩子的夢想，告訴他：既然選擇音樂這條路，就大膽去追夢吧！

當讀者先生告訴我這段往事，我除了非常驚訝，也深深羨慕他有一對力挺自己的父母，難怪他們感情這麼好。記得我曾詢問公婆，對於兒子沒有走上一般大學畢業生該走的路，難道心裡不曾有過一絲遺憾？尤其是後來得知其他畢業後乖乖當上班族的同學們，有些成為達官顯要，有些則是社會地位很高的重要人士，難道不會後悔當時沒有說服他也去找份體制內的工作？

我那可愛的公婆笑笑回答：

——「那是他的人生，只有他能為自己做主，如果他覺得很值得，我們做父母的為他高興都來不及了，怎麼還會後悔？」

讀者家的親子關係，在我心中留下很好的典範。

隨著我在英國定居的時間變長，我發現大部分英國人和讀者家一樣十分尊重孩子的選擇。在東方社會相對普遍的「聽從父母安排」或「滿足父母期待」現象，在英國比較少見。包括英國在內的許多歐洲國家，都認為子女絕對不是父母的「資產」，他們可以有和父母不一樣的想法，他們的意見也會得到尊重，因為父母的責任是「養育孩子」，不是「控制孩子」。

這種社會風氣和西方的「天賦人權」思想有著很深的淵源。打從古希臘時代直到文藝復興時期，天賦人權一直是西方法律與政治思想的重要基石。

時至今日，西方社會對人權的重視除了反映在法律條款中，整個社會的文化脈絡與價值體系也圍繞著一個中心思想：「每個人都是獨立的個體，且享有不可剝奪的自然權利（指生存權、平等權、生命權、自由權、幸福權、財產所有權）。」這個權利人人平等，沒有任何人天生就可以依賴別人，也沒有誰能理所當然霸凌他人。如果遇到不公平的事，西方人會起來反抗、積極爭取，而獨立思考的能力正是養成這種思維的養分。

英文裡沒有「孝順」兩個字

正因為英國社會的文化脈絡主張天賦人權、講究每個人是獨立個體，我在英國定居的這十多年以來，從沒聽過英國有「孝順」這個專門針對子女所提出的道德要求。事實上，英文裡根本找不到「孝順」這個字，每次我要向英國人翻譯這個對臺灣人來說基本到不行的觀念時總是詞窮，完全找不到合適的英文單字。

從語言學的角度來看，一個語系在某種領域的單字愈多，表示這個領域對說這種語言的民族重要性愈高，譬如愛斯基摩人擁有大量形容「雪」的詞語，數量甚至多達數千個，講究美食的法國人對食物的形容詞也比一般民族多；相反的，如果某個概念在一個文化裡不存在，該語系就不會有那個字。英國人的思想裡不存在「孝順」這種由上而下的不平等關係，傳統文化裡也沒有這種概念，當然就不可能創造出「孝順」這個字。

既然英文裡根本沒有「孝順」這個字，就更不要提侍奉父母這個觀念了。我從來沒聽說英國人期待子女長大後負起照顧父母的責任，或期望子女用金錢「報答」父母的養育之恩。養育孩子是為人父母的基本責任，而不是把小孩當成年老時用來依靠的「投資」。

對子女來說，「拿錢回家」的觀念也不存在。東方文化普遍存在著「烏鴉反哺」的孝親思想，西方人雖然能理解，但他們的表現方式是更自然的親情交流和互動，而非由上而下強加在子女身上的經濟壓力，或以金錢為出發點的情緒勒索。

不過大家可別誤會，英國人不是對父母不尊敬，而是認為人與人之間的關係是平等的，父母與子女、丈夫與妻子，都應該互相照顧、善待彼此，這是義務，更是愛的表現。中國文化裡過分推崇子女單方面對父母的孝敬和順從，對英國人來說是難以理解的概念。父母照顧、教養我們直到長大成人，尊敬他們、愛他們，本來就是為人子女的自然表現，不該成為教條與壓力。

中國人常說的「百善孝為先」，英國人或許會同意，但「天下無不是的父母」這句話，絕對無法得到英國人的認同。只要攤開報紙的社會版面就會發現天下「不是的父母」還真不少，這也是為什麼英國有許多照顧弱勢兒童的社會福利團體，一旦發現父母沒有盡到照顧未成年孩子的責任，甚至強迫或虐待孩子，政府是有權力將孩子直接送往社福機構接受更好的照顧。

西方社會的價值觀裡，人人是獨立的個體，獨立思考的能力至關重要，它代表了好奇心、反思、質疑、批判的精神，而不是將傳統價值照單全收。

在東亞文化圈，「孝順」的思維太根深柢固、不可動搖，有個聽話的小孩是許多父母的最大心願，而孩子為了順從父母、實踐孝順的美德，往往樂於被動接受父母的安排，更不會質疑父母的價值觀。

幾千年下來，多多少少造成東方人普遍缺乏思辨精神，進而阻礙了整個社會的發展。許多人疑惑亞洲人聰明又勤奮，為何當今全世界的醫學、科技、藝術、音樂領域裡，西方人還是占主導地位？我個人認為原因和缺乏這種能力有關。

〃讓孩子練習為自己做決定

我在二〇一三年生下兒子小龍包成為媽媽後，發現英國社會從孩子很小的時候就透過各種機會教育，訓練他們培養獨立思考的能力。

小龍包在還沒上學的年紀，無論是在幼稚園和老師互動，還是和我們一起參加社交活動，都時常被大人問問題，舉凡要吃什麼、要玩什麼、覺得哪個比較好、為什麼這樣覺得……完全不會因為他是個才剛學會說話的小孩就忽略他的想法，或是理所當然預設父母的意見就等於他的意見。

漸漸的，我發現小龍包才兩歲多就很有自己的想法。譬如他想吃零食但我不准他吃，他會和我討價還價，說他保證把晚餐吃光，還會吃完所有水果和優格。這種談判力和交涉力，長大後不論從事商業管理，或在組織中扮演領導的角色，都是必備能力。

到了小龍包戒奶瓶的年紀，我們也沒有強迫他，只告訴他奶瓶是小嬰兒才在用的，要當big boy或little baby他可以自己決定。結果他想了一晚，第二天起床後再也沒碰過奶瓶。

我認為從小就該讓孩子練習自己做決定，畢竟人生是他的，沒有人可以幫他過，作為父母，能做的就是盡量向孩子展示這世界的各種面向，鼓勵他發展志趣，但他的人生，只有自己可以負責。

現在八歲的小龍包已經很會發表意見，也非常喜歡參與大人的對話，經常在晚餐桌上加入我和老公的對話，「插播」自己對這個主題的想法，儘管大部分是童言童語，我們都會認真傾聽，讓他知道自己的意見受到重視。偶爾他會和我們「意見不合」，但我也能從他的言談中了解他的思路。這種獨立思考和表達想法的能力，比在學校學的任何學科都重要，因為它關係到人格的養成，以及對知識的理解與邏輯判斷等能力。

總結來說，我認為東西方育兒觀念的最大不同是，東方社會的父母傾向要求孩子順從他們的想法，因為「孝順」是最重要的美德，而「孝」的第一步就是「順」；西方父母則多鼓勵孩子獨立思考，不會把自己的觀念全盤複製給下一代，相對尊重孩子的觀點和自己不同。當然，不是所有東西方父母都有此差別，這裡說的是整體大方向。

我作為一個土生土長的臺灣人，從小讀的是《論語》和《孟子》，我非常熟悉東方文化「由上而下的權威」，但在英國生活的這幾年，西式的「尊重個體」思維為我開啓了另一扇窗，我認為兩者都有其可取之處，很難下定論說哪種育兒理念絕對比較好。只是我覺得為人父母應該要了解，你怎樣教育孩子，你的孩子就會變成怎樣的人，並極可能用這種方式教育他的下一代。各位混血寶寶的家長們一定要謹慎思考，好好斟酌。

Mrs Reader's Notes

讀者太太的人妻真心話筆記

◇ 西方社會的父母普遍尊重子女的想法，較少出現東方社會的「聽從父母安排」或「滿足父母期待」。

◇ 英文字典裡沒有「孝順」這個詞，西方社會也不存在侍奉父母這種由上而下的不平等關係，父母與子女以平等的方式互相照顧，才是親情的真諦與愛的表現。

◇ 東西方的教育理念各有可取之處。為人父母該有的認知是，你怎樣教育孩子，孩子就會變成怎樣的人，並用這種方式教育他的下一代。

24 母奶這件事

雖然英式親子關係的精髓是追求個體獨立，父母和子女用平等的方式互信互愛，但不表示在英國社會裡，情緒勒索事件就完全不會發生。出人意料的是，英國社會對新手媽媽有一種預設期待，尤其是對哺乳這件事的態度，幾乎是一面倒地支持母奶，連母親的生理與心理健康似乎都可以為了母奶妥協。這一節就來分享我第一次在英國生完孩子所親身經歷的「母奶危機」。

記得在當媽媽前，我時常在公共場所看到英國媽媽們公開哺乳，覺得非常溫馨，也幻想著如果有一天我成為媽媽，應該會力行餵母乳這件事，給我的孩子「最好的」營養來源。

那時我對哺乳的認識不多，只知道「哺乳話題」在英國非常熱門，關於哺乳的社團、論壇、網站比比皆是，彷彿英國是個「母乳狂熱」的國家。我也天真以為，等我成為媽媽後，應該會像「打開水龍頭」那樣，擠一擠就自然有母奶可以給我的寶寶。直到我在二〇一三年生下長子小龍包，正式成為新手媽媽後，才發現原來完全不是這麼一回事。

在英國生過孩子的人應該都知道，英國社會提倡哺乳的風氣非常盛行。孕婦懷孕時，政府會提供免費的「產前教學」（antenatal class）教導哺乳相關知識；在接生醫院裡，所有助產士也會鼓勵媽媽在孩子一出生就嘗試哺乳；就連產婦回到家中，如果有需要，醫院還會派專業人士到府協助哺乳。

此外，新生兒出生的前六個月是免疫系統最脆弱的時期，英國醫界鼓勵媽媽至少哺乳到孩子六個月大，用母乳裡的天然抗體保護新生兒。如果這期間媽媽已經回到工作單位，政府還規定雇主有義務在辦公地點提供一間獨立於廁所的哺乳室，其重視哺乳的程度可見一斑。

但卻沒有人告訴我，英國社會鼓吹哺乳的風氣，其實可能造成媽媽的心理壓力，也是直到我親身經歷後，才發現這種風氣背後隱藏著對母親人權的壓縮。

親餵母乳的壓力成為夢魘

二〇一三年我剛生下長子小龍包時，醫院助產士也遵循這個鼓勵媽媽哺乳的原則，馬上問我要不要試試看「親餵」（breast-feed）。當時我一心想讓小龍包喝到母乳，不假思索直接嘗試，但無論怎麼努力試都不成功。後來整個醫院的助產士團隊幾乎人人都來指導我，也確認我的哺乳姿勢完全正確，但還是無法如願。最後我自己乳頭發炎紅腫，小龍包也因為喝不到母乳幾乎要脫水。

作為爸媽，當時我和讀者先生的第一反應就是不能讓小龍包餓到，馬上要求「瓶餵」（bottle-feed）配方奶，沒想到助產士不但不鼓勵這麼做，還不斷向我們確認：「真的要餵配方奶嗎？」他們戲劇化的反應，幾乎讓還是新手爸媽的我們懷疑自己是不是做了不對的事。

記得在醫院的那幾天，我每天醒來就開始試著親餵，直到胸部痛到無法繼續才換成瓶餵，然後傷口稍微恢復一點又繼續試。在這樣的循環下，我的傷口不僅一直沒有機會癒合，更導致我後來一聽到小龍包肚子餓而哭醒的聲音，心裡就產生莫大的恐懼感，因為我覺得自己無法再試下去了。

當時除了我以外，同病房的另一位英國媽媽也發生和我差不多的情況。雖然隔著簾子看不到他，但不時傳來他哭泣的聲音。那時我心裡很震撼，我以為當媽媽是一件快樂的事，沒想到竟然需要承受這樣的壓力。

儘管沒有人逼我們一定要餵母乳，但專業助產士給我們的感覺就是**「母乳是最好的，你身為母親，當然要給孩子最好的」，這種無形的壓力，讓我們這兩個新手媽媽感到非常受挫，因為誰不想給自己的孩子最好的東西呢？**

除了明顯不支持我用奶瓶餵小龍包配方奶外，我也感覺得出來，每一位醫護人員似乎不太願意和我討論瓶餵的可能性，也沒有人對我的精神焦慮提出解決方案，他們只是像跳針般一再重複：「你再試下去就會成功」，完全無視我的壓力已經大到開始害怕聽到孩子想喝奶而發出的哭聲。

〃被忽視的媽媽人權

就這樣過了三天，我終於忍不住打電話給我最信任的鄰居。他是一位有兒子的英國姐姐，也是第一個鼓勵我餵配方奶的人。

這位前輩媽媽經歷過和我一樣的遭遇，剛生完孩子就被整個由醫療體系排山倒海而來的哺乳壓力攻擊，差點造成產後憂鬱症。他告訴我當時雖然勉強撐了幾個月親餵，但是非常痛苦，每天心情十分沮喪，也嚴重影響到心理健康和生活品質，所以他一點也不建議我強逼自己。

當時他說了一句話，讓我如夢初醒：

——「有健康開心的媽媽，才會有健康開心的孩子。」

如果媽媽連自己都照顧不好，怎麼可能有餘力把孩子照顧好呢？

從那天起，我的人生又回到彩色的了。我不再逼自己親餵，而食量驚人的小龍包更可以暢飲配方奶，想喝多少就喝多少。這個皆大歡喜的結果讓我們母子倆更健康，關係也更親密。我不用再擔心自己會餓壞他，聽到他「哭餓」的聲音也不會有心理壓力。

從此以後，鄰居的這句話成為我的育兒座右銘，當遇到身邊有即將成為媽媽的朋友，我就會把這句話送給他們。媽媽的心理健康和寶寶的身體健康，兩者之間不應是單一選擇題，而且不論形式，任何會對女性身體自主權造成壓抑或控制的行為，絕對不該被鼓勵。

英國醫界這麼大力鼓吹哺乳是因為英國哺乳率一向不高，儘管有八一%的婦女曾嘗試哺乳，持續超過六個月者只有三四%，而超過十二個月的更是創下世界最低，只有〇．五%。即使哺乳是一件需要提倡的事，英國醫界對哺乳的推廣卻到了幾乎間接否定非哺乳媽媽的程度，因此被輿論批評有「不正視媽媽人權」的傾向。

在英國這個人權國家，身體自主權被視為天經地義的概念，但對許多有新生兒的母親來說，卻可能是外人很難理解的掙扎，因為英國醫療體系對哺乳的高度提倡已經在無形中壓縮了媽媽的人權。

不只像我這樣有親餵障礙的媽媽覺得英國醫界對哺乳的過分提倡已經造成莫大的心理壓力，事實上，英國助產士皇家學院（Royal College of Midwives）終於在二〇一八年公開承認，對於想給寶寶喝配方奶的「瓶餵媽媽」和餵母乳的「親餵媽媽」，都應當給予同等的支持與協助，因為女性有權利決定該如何使用自己的身體。

助產士皇家學院首席執行長吉爾．沃爾頓（Gill Walton）在二〇一八年公開表示，儘管根據世界衛生組織的報告，哺乳同時對媽媽和寶寶有很多益處，但在現實生活中，許多母親經歷了各種困難造成無法哺乳或繼續哺乳的處境。助產士皇家學院發表正式聲明，無論親餵或瓶餵，每位女性的決定都必須得到尊重，同時要給予決定瓶餵的母親足夠協助，包括提供相關知識和心理支持。這對很多無法親餵的媽媽來說就像「遲來的正義」，代表英國醫界終於認同母親的心理健康和新生兒的福祉一樣重要。

這個改變在我二〇二〇年生下第二個孩子小龍女時的確得到驗證。這次再也沒有助產士勉強我親餵，而且當他們知道我打算瓶餵時，還直接給我相關衛教文宣，非常尊重我的決定。但我也聽到住在英國其他城市的臺灣太太表示，他生產的醫院還是非常强調親餵，讓他備感壓力。看來即使英國官方已經公開承認要對親餵媽媽和瓶餵媽媽一視同仁，「親餵至上」的風氣在英國社會尚未完全消失。

這篇特別獻給即將在英國成為新手媽媽或可能當媽媽的人，提醒大家傳統上英國醫療體系對母奶這件事有著近乎偏執的觀念，有時會對媽媽造成無比巨大的壓力，甚至有剝奪媽媽人權之嫌。

最後，我也想給所有和我當年一樣，無論如何都無法克服親餵障礙的媽媽們一個忠告：如果試過各種方式還是無法親餵，其實瓶餵也很好，**不要把不能餵母奶當成世界末日，你給孩子的愛，真的不是用母奶來衡量的。**

Mrs Reader's Notes

讀者太太的人妻真心話筆記

◇ 英國社會相當提倡哺乳，無論產前產後都會提供相關協助，即使回到工作崗位，只要孩子未滿六個月，雇主有義務在辦公地點提供哺乳室。

◇ 英國醫療體系過度提倡哺乳已在無形中壓縮了媽媽的人權，直到二〇一八年助產士皇家學院公開表示，應給予「瓶餵媽媽」和「親餵媽媽」同等支持與協助。

◇ 媽媽的心理健康和寶寶的身體健康同等重要，不該鼓勵任何會對女性身體自主權造成壓抑或控制的行為。

25

如何駕馭失控的兩歲魔人

大家都知道婚姻就是團隊合作，尤其小孩出生後兩人世界不再，取而代之的是用團隊合作的方式因應新生活中的挑戰，對！有小孩的人一定都會同意，我用「挑戰」來形容他們再合適不過。在這一節，我就要和大家分享父母如何克服孩子帶來的第一個挑戰。

千萬不要以為只有青春期的孩子才會叛逆讓家長頭痛，小小孩也會讓爸媽抓狂。他們真的是睡著時像天使，醒著時是惡魔，尤其是兩歲的小朋友，更被英國人稱作「Terrible Twos」，翻成中文就是「可怕的兩歲魔人」。

為什麼英國人會將這個形容詞套在兩歲小朋友身上呢？因為兩歲孩童的情緒起伏大，不但對什麼都說「不」，也時常沒來由地大發脾氣，心情就像英國的天氣說變就變。如果你家中也有兩歲以上的幼兒，這些行為模式你一定感到似曾相識，就像臺灣人說的：「兩三歲，貓狗嫌。」看來不分國籍、無關文化差異，中西方父母似乎都認同「兩歲」這個門檻，是讓孩子從小天使變成小惡魔的關鍵期。

這一節就要和大家分享英國人如何針對「兩歲魔人」的失控行為推出合宜的應變之道，畢竟在偶爾令人抓狂的育兒過程中仍然保有自信與優雅，讓婚姻生活維持一定品質，也是本書重點之一。

11 與孩子一起克服兩歲魔咒

記得我家兒子小龍包快滿兩歲前，英國的親戚朋友紛紛提醒我和讀者先生，接下來要準備面對的，可能是長達好一陣子甚至超過一年的「兩歲魔人」階段。那時我心裡還在想，這該不會又是英國育兒專家企圖用嚇唬父母來建立權威的謠言吧？我深信每個孩子都不一樣，別人的小孩兩歲後變成「兩歲魔人」，不代表我家包仔就一定會那樣！

但沒想到情況就像親戚朋友預測的一樣，一向開朗、每天笑嘻嘻的小龍包果然在兩歲生日後產生很大的變化，不僅經常為小事發脾氣，還一發不可收拾，搞得我和讀者先生筋疲力盡還是無法安撫他。

後來詢問健康訪視員（Health Visitor：在英國專門到府訪視五歲以下兒童，並提供醫療保健建議的專業醫護人員）才知道，英國人叫兩歲小孩為「兩歲魔人」不是沒有原因的。

這個階段的小孩在生理上通常以前所未有的速度發展，剛學會走路就迫不及待想要跑；身體一下子抽高很快，但又還沒達到可以觸摸任何東西的高度；更令他們沮喪的是，已經會說些簡單的字，卻還不能順暢完整地表達自己的意思。他們在對獨立的渴望與需要依賴父母的現實間掙扎，感到挫折之餘，卻還沒有能力用語言精確表達情緒，只好用發脾氣、哭鬧等令父母抓狂的行為來發洩。

了解「兩歲魔人」的成因後，我對小龍包沒來由的脾氣有了更大的包容力，並視為我們母子的第一個人生挑戰，決定要用最大的耐心陪他一起度過，同時也當成機會教育，讓他學會如何控制自己的情緒。由於英國是個極力反對體罰的國家，我參考健康訪視員的建議，面對「兩歲魔人」脾氣發作，最普遍的處理方式是「暫停」（timeout），具體做法與步驟如下：

【步驟1】警告

一旦發現孩子開始出現「歡」的表現，而且沒有要停止的跡象，請看著他的雙眼，以低沉、堅定的聲音告訴他：現在從一開始數數，數到三還是繼續「歡」，就要帶到「調皮角落」（naughty corner）罰站，或去「調皮階梯」（naughty step）靜坐。用低沉的聲音是因為大聲吼叫或高頻率的聲音比較無法讓孩子冷靜下來，反而會更加歇斯底里。

通常從孩子兩歲起就用這種方式警告，他自然會知道事情大條了。譬如小龍包有時甚至才聽到我開始數數就會停止胡鬧，因為他知道下一步就要進入正式處罰的階段。

【步驟2】罰站／靜坐

英國父母會在家裡選擇一個角落，作為小小孩罰站或靜坐的地方，又稱為「調皮角落」，通常會選在一面沒有雜物的白牆前，才能讓孩子沒有雜念，靜下心來好好反省。此外，大部分英國人都住透天厝，家裡通常有從一樓通往二樓的樓梯，因此處罰時坐在「調皮階梯」也很普遍。無論如何，這兩個角落都必須是父母可以直接觀察到的地方，以確保孩子不會發生危險。

當步驟一的警告沒效，父母要立即把孩子帶去那個角落進行「暫停」，也就是讓他從失控的情緒中暫停，將自己抽離出來，同時向孩子解釋為何他需要受到處罰，解釋完後立即離開那個角落，目的是讓孩子用自己的力量冷靜下來。

【步驟 3】冷靜

罰站或靜坐的時間原則上幾歲就是幾分鐘，所以兩歲小孩就是兩分鐘，三歲就是三分鐘，以此類推。這段期間無論孩子如何哭天喊地叫爸媽，家長都不可理會。

如果孩子擅自離開「調皮角落」或「調皮階梯」，家長要面不改色地把他帶回原處，並重新計時，也就是將步驟二重跑一遍。

【步驟4】道歉

通常「暫停」成功，孩子的舉止和情緒會恢復正常，這時家長除了再次向他解釋處罰原因，還要要求孩子為失控行為道歉，讓他了解自己的任何行動都會導致對應的結果，如果做了不好的行為，就要為這個行為所造成的後果道歉。

【步驟5】關愛

孩子說了對不起後，家長一定要給予擁抱和親吻，這個步驟非常重要，絕對不能省略，目的是讓孩子明白父母處罰他是為了指正他的行為，而不是因為不愛他。我和讀者先生還會多加一句「I love you」，向小龍包強調爸爸媽媽永遠愛他，然後三人再來個和好的「愛的抱抱」。

小龍包處於這個階段時，每當他發脾氣，我和讀者先生都會不厭其煩重複這五個步驟。

如果忽略這個問題，歸咎於小朋友胡亂鬧脾氣，而不去好好處理他的情緒，可能對他的心理健康造成影響，有些甚至會造成一輩子的陰影，嚴重一點，甚至會導致邊緣型人格障礙，症狀包括害怕被拋棄、憤怒、容易衝動、有自我傷害甚至自殺的行為，千萬不能輕忽。

兒童心理學家也認為，兒童的情緒發展和未來的社交能力發展息息相關，因為兒童感知、理解周遭環境的方法，以及表達感受和情感的方式，將形塑他和其他人互動的模式，而和兒童關係緊密的人更將形塑他的價值觀、認同感、意識型態、社交能力，以及面對衝突的解決辦法，所以家人的角色在兒童發展早期階段至關重要。

無論是臺灣人說的「貓狗都嫌」，還是英國人形容的「兩歲魔人」，兩歲多的「歡」孩子其實需要父母用更多的愛和耐心來陪伴，如果能幫助孩子好好學習如何管理這些失控行為，對他未來的人生將有莫大的幫助。提供英國父母普遍使用的育兒方法與我的自身經驗給準父母或新手爸媽參考，祝全天下的父母陪著小寶貝順利度過人生第一個「叛逆期」。

至於孩子兩歲以後，漸漸朝學齡兒童邁進的過程中會面臨哪些新的問題？身為父母的我們又該用怎樣的態度去教育他們？這些議題我將在下一節介紹。

Mrs Reader's Notes

讀者太太的人妻真心話筆記

◇ 兩歲小孩在生理上以前所未有的速度發展，很多行為能力已經建立但還無法成熟到可以獨立完成，在渴望獨立與需要依賴父母之間掙扎，無法用語言精確表達情緒，只好用發脾氣等行為來發洩。

◇ 英國父母針對「兩歲魔人」脾氣發作時，最普遍的處理方式是「暫停」，用警告、罰站、冷靜、道歉、關愛五步驟讓孩子學習控制自己的情緒。

◇ 忽略「兩歲魔人」的失控行為會對其心理健康造成影響，有些會導致邊緣型人格障礙，成為一輩子的陰影。

26

讀家教育

進入婚姻成為父母後，教育孩子就成了經營婚姻的一大重點。如果夫妻對孩子的教育觀點各異，譬如一個主張無為而治的佛系教育哲學，另一個是要求孩子十八般才藝樣樣精通的虎爸或虎媽，可能造成婚姻中不小的危機。

當然，每個父母都有一套教育孩子的觀念和立場，每個孩子也是獨一無二的，只要適合自己的家庭型態，沒有哪一種方式絕對正確或錯誤。我認為最重要的是，夫妻間的教育觀點一致，才不會出現多頭馬車的現象，讓孩子無所適從。

這一節要談的，就是經過多年磨合，我和讀者先生達成共識的「讀家教育」理念，提供大家參考。

英式教育

小龍包才三歲時，我就常聽到讀者先生和他一起討論哪些恐龍是草食性、哪些是肉食性，聽得我一頭霧水。原本我就是個恐龍大外行，用中文解釋我都搞不清楚了，更別提要記住那些又臭又長的英文單字，真不懂為何才三歲的小龍包只聽過一次就可以把恐龍學名全部記起來。

讀者先生不愧是有十多年教學經驗的老師，一語道破問題核心：學習的關鍵是對主題產生「興趣」，如果對恐龍無感，學一百年也學不起來。小龍包最喜歡的就是恐龍，再長的單字當然也難不倒他。

另一個經典例子是學第二外國語。打從小龍包出生，我就用中文和他溝通，但就像大部分住在英國的混血兒一樣，他全使用英文回答，讓我感到很挫敗。奇怪的是，平平是第二外語，讀者先生教小龍包法語和義大利文卻沒出現這種情況，有一次睡夢中的夢話竟然還是義大利文，令我非常羨慕。

詢問讀者先生原因，他說學習的第二個關鍵是「好玩」。尤其像小小孩這種年輕學習者，學習內容的趣味性決定了學習動機與成效。

兩個發生在我們讀者家的經驗，恰好反映了英國教育體系的最大特色：老師的要務是讓學童對上學產生興趣、對知識引發好奇心。考試是檢定學習成果的方法，卻不是最重要的指標，不像我當學生的年代，臺灣老師的當務之急是讓學生考出好成績。

為了激發學生對求知的興趣，在英國學校裡，對成績不理想的學生說你「fail」（失敗了）絕對是大忌。老師公布成績是用「pass」（及格）這個字，沒有達到標準的學生則是「didn't pass」，絕對不是「fail」，這點至關重要。面對不及格的同學，老師會以正面鼓勵取代負面評價，並請他們下次再接再厲，但絕不會否定學生之前的努力，甚至用詆毀的方式質疑他們的素質，否則學生被批評幾次後，很可能就失去對學習的興趣。

英國學制

既然提到英式教育的特色，這裡也簡單介紹一下英格蘭的學制。

兒童四歲到十八歲要接受全日制的義務教育，而且就讀公立學校完全免費。孩子三歲時父母要向地方政府提出申請，每個學童可填三個志願，當局會依照學童住家和志願學校的距離遠近來分發，也就是所謂的學區制。

如果在八月三十一日前滿四歲，可於同年九月入學，就讀幼兒學校（Infant School）零年級（Year 0或稱為Reception）；反之，則在下一年度的九月，也就是五歲入學。隔年度的九月則進到小學（Primary School）一年級，小學共有六個年級（Year 1到Year 6）。

十一歲進入中學（Secondary School），中學共有七個年級（Year 7到Year 13），十一年級要參加中等教育普通證書（GCSE）考試，十三年級參加普通教育高級程度證書（A-Levels），為十八歲從中學畢業申請大學做準備。

除了國家提供的免費教育，家長也可以送孩子去讀貴參參的私立貴族學校，或選擇由父母一手包辦教育責任的「在家教育」（Home Schooling）。

〃讀者先生的教育觀

讀者先生執教鞭多年，雖然教的是高中生、大學生、研究生，但對教小小孩也非常有一套。我從未見過他正襟危坐教小龍包認字，而是從生活中俯拾即是的題材引起孩子認數字或字母的動機。英國到處都有的公園、博物館就是最好的教室，裡面的植物、花卉、動物、畫作、雕像都是建立常識的資料庫。這種模式的好處是小龍包的學習是在潛移默化中吸收新知，也符合讀者先生強調的「好玩」原則。

英國許多家長和一般亞洲父母一樣，深怕孩子輸在起跑點，捨棄免費的公立學校，寧願花大錢送他們就讀私立學校，甚至忍受和孩子分離的思念之情，送他們去貴族寄宿學校。這些父母深信這麼做能給孩子更好的學習環境，而且與家世背景好、財力雄厚的同學交往，從學生時代就建立好未來進入職場的人脈，更像是拿到出社會後事業成功的入場券。

我和讀者先生可以理解那些父母求好心切的心情，但我們更認為家庭教育對塑造人格與建立獨立思考的能力，遠比學校教育的影響更深遠，而且我們也覺得孩子提早接觸來自社會各階層的人才是人生成功的關鍵。更重要的是，我們都相信孩子最需要的其實是父母的陪伴，成長過程中如果能讓孩子感受到滿滿的愛，他的人格才會健全。這也是為何我堅持出差時每天一定要和孩子視訊聊天至少半小時，讓他們知道即使媽媽不在身邊，還是一樣會花時間關心他們。

雖然看似對兒子的教育抱持順其自然的老莊哲學，但有一件事讀者先生可是非常堅持，就是運動習慣。每個週末就算再忙，他一定抽出時間帶小龍包踢足球、游泳或騎腳踏車，除了滿足自己是足球迷的私心，更重要的是幫孩子建立健康强壯的體魄，也讓小男孩的旺盛精力有機會消耗。

除了老師的身分，讀者先生還是專業薩克斯風手，每天在家至少練習兩個小時，有演出時偶爾也會帶小龍包出席。耳濡目染下，小龍包天生的音感和節奏感特別好，所以他從五歲起開始學吉他，現在已經學到四級，也就沒有太讓人意外了。

讀者先生還有一套自創理論，就是把孩子當作大人對待，他們會更快學會獨立，包括生理和心理的獨立。打從小龍包一歲開始會走路，我們就常鼓勵他自己走路去拿東西；兩歲開始會說話，讀者先生就常問他對事情的看法，儘管回答大多是天真的童言童語，有時也會有出人意料的妙答。無論他怎麼回答，讀者先生都不會說對或錯，而是和他一起討論下去，這是訓練思辨能力的過程，也是西方文化重視的價值：有獨立思考與判斷的能力，而不是盲目聽從別人的意見。

每週日我們回公婆家過親子日時，偶爾會聽到讀者先生和長輩們對一件事持相反意見，但雙方只是理性辯論，從未爭得面紅耳赤或試圖說服對方。我想這大概就是讀者先生想要延續下去的英式父子關係：一種親密卻不黏膩、和諧且沒有威權的關係。

不能去學壞，但也不用太乖

我自己的教育哲學則是「不用太乖，但不能學壞」。會有這樣的體認，要從我小時候的經驗說起。

我從小是個喜歡考前三名的孩子，因為我媽為了鼓勵我好好讀書，答應我只要每次月考有前三名，就可以去SOGO挑一個禮物。很容易被玩具利誘的我，小學幾乎每次月考都有前三名。

小學四年級的某一天，我那在美國讀完博士學位，還在美國工作多年的小阿姨回到臺灣。他發現我竟然是個「考試機器」，當下覺得這樣很「母湯」，問我要不要考個掉出前三名的成績，做到就送我一隻超大的Hello Kitty。我小時候是Hello Kitty控，聽到了當然非常心動，那次月考我就技巧性地考了第四名，然後開開心心收下小阿姨送的禮物。

先說一下我小阿姨的背景。他在還需要高中聯考的時代曾拿下全臺灣榜首，以全國最高分考進北一女，後來進了清華大學，再去美國麻省理工學院讀到博士。這樣一位學霸，為何希望我成績不要太好？我小時候也不懂，只覺得出國留學的人都「怪怪的」，腦子裡裝滿新潮的想法。那次為了得到Hello Kitty故意考爛後，我又回到以前的水準，每次月考還是名列前茅。

直到高中的時候，我的偶像王菲生下第一個女兒竇靖童。初為人母的他，為了寶貝女兒寫了一首歌《童》，裡面一句歌詞是「你不能去學壞，你可以不太乖」。我這才恍然大悟，原來小阿姨就是要我「不要太乖」，不要總是以考試時回答標準答案、當個符合學校期待的好學生為目標，因為這是別人規畫的人生，而不是自己主張的人生，而且太習慣標準答案，思考模式也會有僵化的傾向。難怪小阿姨才要我試試看不要考前三名啊！

隨著年齡增長，我漸漸發現太乖的人容易陷入無聊的人生，錯過不少「不乖」的樂趣。當然，這裡說的不乖，是在合法且不會傷害自己或他人的前提下不墨守成規，願意挑戰教條式的規範。

「太乖」的孩子因為服從性高，習慣達成父母或社會的期待，有時會自我壓抑，長期下來對心理健康有負面影響。我們時不時聽聞社會案件中兇手是所謂「乖孩子」的橋段，我想就是最好的證明。以臺灣當時的教育制度來看，「太乖」意味著對學校老師說的話照單全收，欠缺發展獨立思考能力的機會。這種小時候被稱讚的人格特質，長大後反而可能變成缺點，甚至造成在職場上因為缺乏主見而被視為競爭力不足的結果。

當我變成媽媽後，也時常對小龍包說不用考滿分，只要上課專心聽講、下課做完功課就好，其他時間留給自己，做自己喜歡的事，彈彈吉他、畫畫圖、踢踢球、騎騎車、做做運動，只要是有創造力或建設性的事我都鼓勵他去做。我也遵循讀者先生的方法，從小龍包懂事以來就用大人的語氣和他說話，時常問他的想法，讓他培養獨立思考與判斷的能力。

我也鼓勵小龍包如果在學校聽到覺得不合理的事，一定要告訴我們，和我們討論，千萬不要認為老師說的就一定對。懷疑與批判精神是西方教育中很強調的一環，試想如果沒有西方的女權主義先鋒者在十八世紀就開始質疑父權社會，哪會有我們現在兩性平等的社會呢？

在這種教育方式下，小龍包從很小就很習慣發表對事情的想法，也很有自己的一套主張，不會被別人牽著鼻子走。最讓我欣慰的，就是二〇二〇年英國發生COVID-19期間，當時七歲的小龍包在學校不鼓勵學生戴口罩、全班也沒有任何同學和老師戴口罩的情況下，始終自動自發堅持整天戴上口罩，完全不在乎同儕壓力，用自己的判斷堅持做自己認為對的事情。

我希望他繼續維持這種「不去學壞但不用太乖」的人生態度，自己蒐集、過濾資訊，並加以思考、做出判斷後，用自己的想法主導自己的人生，真正做到「當自己人生的主人」。我也希望我的孩子能保持這種精神，讓它永遠存在於我們讀者家的DNA裡。

以上洋洋灑灑分享了我和讀者先生對教育孩子的理念，雖然不一定適合每個人，但從這些例子可以大概窺見英國社會對教育的看法。

Mrs Reader's Notes

讀者太太的人妻真心話筆記

◊ 英式教育的關鍵是對學習主題產生興趣，尤其對孩童而言，趣味性決定了學習動機與成效。

◊ 在英國學校對成績不理想的學生說「fail」是大忌，老師會以正面鼓勵取代負面評價，請他們再接再厲，否則批評幾次後很可能造成學生失去對學習的興趣。

◊ 我希望孩子「不能學壞，但可以不太乖」。「太乖」的人容易自我壓抑，也比較難發展獨立思考的能力。

27

英國育兒福利知多少

以上談了很多英國育兒觀念，接下來就來聊聊務實的話題：到底在英國養孩子可以享有哪些福利？這一節就帶你快速了解英國政府用了哪些方法來支持人民增產報國。

二〇二〇年臺灣因為創新低的生育率（一．二四），以全球排名第二百二十六的倒數第二名吊車尾之姿，登上臺灣各大媒體頭條新聞。許多人把矛頭指向政府給的育兒福利不夠多、職場環境對有小孩的女性不夠友善。

反觀我所在的英國，生育率在二〇一九年是一．七五一，二〇二〇年小幅成長，來到一．七五二，全球排名第一百三十五。到了二〇二一年，可能因為COVID-19封城，大家天天關在家，專家估計生育率將大幅成長到至少一・八六！看來疫情嚴重與否，說不定才是催生的關鍵（話不是這麼說）。

事實上，我移居英國超過十年，一直覺得生孩子在英國是件很常發生的事。我身邊不是時常有人懷孕，就是最近剛生了孩子，無論是準媽媽派對（baby shower）或新生兒週歲趴踢，出現在我行事曆的機率總是很高。而我在英國的家人、同事、朋友們，和我的臺灣親友們相比，有孩子的比例也比較高。看來不僅數據顯示英國生育率是臺灣的一・四倍，日常生活中也的確有感。

以下就從英國育兒福利制度的角度來分析，看看英國是否因為有比較完善的育兒福利，才造就了比臺灣高的生育率。

育兒津貼

第一普遍的福利，就是英國政府直接發錢給父母當作育兒津貼。

全英國的父母都享有此福利，只是如果父母其中一方年薪超過六萬英鎊（約新臺幣兩百四十萬元），就必須在繳所得稅時以納稅的方式將福利金全數退還。對獨生子女或第一個孩子的補助是每週發二十一．一五英鎊（約新臺幣八百五十元），有一個以上的孩子則是每個孩子每週多給十四英鎊（約新臺幣五百六十元）。政府每個月會將這筆津貼匯到父母指定的帳戶，一直匯到孩子滿十六歲，如果孩子十六歲後繼續就讀高中或高職，也會發到他們十八歲從學校畢業。

如果從一出生到滿十八歲來計算，生一個孩子可以從英國政府領到的津貼高達近一萬九千多英鎊（約新臺幣七十六萬元），這筆不小的金額幫助到許多有小孩的家庭。有些經濟情況較好的家庭會把這筆錢存在孩子的帳戶，等小孩滿十八歲就是他人生的第一桶金，可以用來繳大學學費，或買人生第一輛車，甚至當作人生第一棟房子的部分頭期款。

〃產假／育嬰假制度

另一個也是讓非常多人受益的福利，就是英國的產假／育嬰假制度。

英國政府規定女性勞工可享最多長達一年，也就是五十二週的育嬰假，其中前二十六週稱為「一般育嬰假」（Ordinary Maternity Leave），後二十六週稱作「額外育嬰假」（Additional Maternity Leave），媽媽可選擇休滿一整年，或和另一半分享，以一人一半，或六比四、七比三等任何比例共同用完這個假期，使用方法非常彈性。

這個制度讓女性不再是完全獨自承擔育嬰責任的一方，也讓想在家照顧嫩嬰的奶爸有機會體驗休育嬰假的感覺，不然一般男性員工的「有薪育嬰假」（Paternity Leave）只有兩週，相當短暫。

法定育嬰假津貼會在前三十九週內發放，具體發放原則是前六週可領平常月薪的九〇%，剩下三十三週是每週可領一百五十一．九七英鎊（約新臺幣六千元；按照二〇二二年標準計算）。這只是政府補助的額度，在福利制度更完善的公司，雇主還會加碼發放額外補助，比例按各公司規定，有的每個月可持續領半薪，也有的全年十二個月都可領近全薪。

值得一提的是，育嬰假期間員工的年假和國定假日還是有效，以英國年假基本二十天、國定假日八天來計算，一年育嬰假休滿後，等於多出一個多月的全薪假期可以在家休假，算是間接延長育嬰假的時間。

此外，英國法律對正在休育嬰假的勞工權益也有非常完善的保障，譬如休育嬰假的這年必須納入年資，並保留員工原本職位，更不得在沒有正當理由的情況下隨意解僱員工，而如需調整職務或工作必須得到員工同意，並提供選擇機會。當員工回來上班，若仍有哺乳需求，雇主必須增加一間獨立於廁所的哺乳室，方便需要哺乳的員工使用。

英國法律如此保障休育嬰假的員工，目的就是讓願意「增產報國」的人無後顧之憂，在生育和工作間取得平衡，不用擔心因為跑去生小孩就被公司藉機解僱。我個人的經歷也印證了這個政策，我生完兒子小龍包和女兒小龍女後，分別休了十個月和一整年的育嬰假，回到公司上班時都是直接回到原本職位。

〃福利好到成為未成年媽媽的天堂？

談完針對一般人設計的育兒福利，再來介紹英國政府針對特定族群提供的育兒福利。

記得我第一次來到英國，發現一個臺灣比較少見的現象，就是英國的未成年媽媽似乎特別多，街頭隨處可見一臉稚氣的少女在應該上學的時間，推著嬰兒推車閒晃。查了一下資料才知道，英國打從六、七〇年代起，未成年父母比例一直比歐洲其他國家高。根據統計，在一九六九年到二〇〇七年之間，每千位十五到十七歲的少女中就有四十到五十位懷孕，比例之高而經常在歐洲國家間「蟬聯冠軍」。

乳臭未乾的少年少女在還無法自己照顧自己、沒有謀生能力的情況下，就因為懷孕生子被迫「升級」，變成要照顧新生命的爸媽，不僅有礙心智發展，太早懷孕對未成年媽媽的生理也有負面影響，甚至嬰兒夭折的比例更高，「未成年懷孕」成為英國嚴重的社會問題之一。這些年紀輕輕就為人父母的少年少女也可能必須中斷學業，從義務教育的角度來看也是一件急需解決的棘手問題。

英國政府在一九九九年大刀闊斧展開一項「十年計畫」，目標是透過教育和媒體的力量，降低十八歲以下少女懷孕的比例。這項計畫在二〇〇八年出現成效，未成年少女懷孕比例終於從長久以來的千分之四十幾，首次掉到千分之三十九，而且從此不再回升，每年持續下降。到了二〇一八年，每一千名少女中只有不到十七位懷孕，從一九九九年算起，下降率高達六二．七%，成效可謂十分顯著。

雖然經過英國政府的努力，少女懷孕的情況已經減少許多，但我在英國生活的這些年，還是偶爾會聽說某某人的鄰居不但自己曾是未成年媽媽，他生下的兩個女兒也在十八歲前就懷孕當了媽媽。許多未成年懷孕事件，多半發生在貧窮的家庭或有暴力問題的親密關係當中，而且這種現象容易受到家庭教育影響，在潛移默化中被子女複製，因此英國當局相當重視，也給予這類型家庭許多額外協助。

根據英國法律，如果在十八歲以前懷孕，懷孕期間可以得到食物津貼，確保未成年準媽媽獲得充足的營養食品，並持續發放到孩子出生滿一歲，確保幼兒也有充足營養。孕期第二十九週起，無法上學的未成年媽媽可以申請福利救濟金（Universal Credit），一直領到孩子出生。針對低收入戶家庭，英國政府還提供一筆五百英鎊（約新臺幣兩萬元）的育兒補助，讓準備生第一胎或雙胞胎（不限第一胎）的家庭申請。總而言之，英國政府對未成年媽媽和低收入戶家庭設有各種補助，協助他們擺脫世代貧窮的困境。

除了英國政府直接給予津貼或補助，英國法律對有小孩的家庭也有基本保障。譬如家中有未成年人的住戶如果沒有支付水電瓦斯帳單，水電瓦斯公司不得隨意取消該用戶的服務，房東也不能隨便和這種家庭組成的租客終止合約。如果想以低廉租金租到政府蓋的國宅，有未成年人的家庭也比較有機會申請到。

看到這裡，你羨慕在英國生孩子所得到的福利嗎？但請別忘了，如果你和我一樣，是因為結婚而移民到英國的臺灣太太，那麼請做好沒有外援的打算，因為英國國情和臺灣不同，長輩沒有幫子女帶孫子的習慣和傳統，無論生幾個孩子，基本上就是你和老公一起分擔育兒責任。

除了以上這個養小孩的無形成本，在下一節，我會分析英國的育兒花費，讓大家熟悉育兒權益外，也可以了解在英國養小孩到底需要砸多少錢。

Mrs Reader's Notes

讀者太太的人妻真心話筆記

◊ 英國育兒津貼從孩子出生發到滿十八歲，很多父母會將這筆錢存起來，用來繳小孩的大學學費、購車、買房頭期款等未來規畫上。

◊ 英國育嬰假長達一年，媽媽可以選擇自己休完，或以任何比例和另一半共同用完。

◊ 經過英國政府多年努力，未成年少女懷孕情況減少許多，政府對未成年媽媽和低收入戶家庭也設有各種補助，協助他們擺脫世代貧窮的困境。

28
在英國養小孩要燒多少錢？

要不要生小孩，是每個人的人生選擇。有人覺得小孩是無價之寶，人生有了他們才完美；也有人覺得小孩綁手綁腳，是自由人生的殺手，只要和伴侶共度一生，兩人世界就已經圓滿。無論是哪種人生，各有各的快樂，完全不能比較。但有一件可以確定的事，就是有了孩子絕對需要多準備一些錢在育兒上，相信這點沒有人可以反駁。這一節就來和大家聊聊到底在物價比臺灣高的英國，養小孩大概要砸多少錢。

根據知名英國理財網站MoneySuperMarket的調查，在英國養育一個男孩，從出生到十八歲的平均花費，不含保母費、托兒所或幼稚園費用，是六萬三千零一十七英鎊（約新臺幣二百四十萬元）；如果是女兒，平均花費則是九萬三千七百七十七英鎊（約新臺幣三百七十五萬元），比養兒子要多花四六%的錢。

網站上沒有針對這個結果多做解釋，但以我自己同時身為男寶媽和女寶媽的經驗來看，女孩子的服裝費可能是一大原因，畢竟小女孩的衣服真的好買，相信家有女兒的媽媽一定心有戚戚焉。

看到這個數字，你驚呆了嗎？如果你不只有一個孩子，這個數字就要再往上加，有興趣的話可以做做排列組合，在還沒生孩子前先做好預算與財務規畫；或是因為看到這動輒新臺幣兩、三百萬元的金額，早就已經嚇傻，準備打退堂鼓，當個永遠的頂客族？

這項統計把育兒所需的購物費用拆成十二大項，包括零到三歲的幼兒期花費、四到十三歲的玩具開銷、一到五歲的兒童服裝費、六到十三歲的學童服裝費、十三到十六歲的青少年時期服裝費、四到十八歲的學習用品類，以及3C產品、飾品、鞋類、個人清潔用品、課外活動、零用錢。其中只有零到三歲的幼兒期花費是男女均等，為五千六百七十七英鎊（約新臺幣二十三萬元），其他項目可能因為性別或主觀因素，譬如審美觀、家庭環境、經濟能力等而有較大的差距。

本文討論的重點，就聚焦在零到三歲的必要育兒成本，讓有心在英國扶養下一代的人做個參考。

從西方育兒觀看隱形育兒成本

思考西方社會的育兒成本前，我認為有必要先了解西方人照顧小小孩的觀念，因為這深深影響了育兒態度和習慣，也會產生相對應的育兒成本支出。

西方社會認為人是獨立的個體，嬰兒或兩、三歲的小孩也不例外，因此產生了和其他民族截然不同的育兒觀，譬如讓孩子從嫩嬰時期就和爸媽分房睡，即使不得已同房也一定是分床睡。

孩子出生前，準父母會專門為新生兒準備一間房間，也就是說，想組織一個小家庭，房子至少要有兩個房間。雖然沒有人規定小孩一定不能和父母同房，但這幾乎已經成為每對英國夫妻決定從「兩人世界」邁向「三人小家庭」時都會考慮的「隱形門檻」。換句話說，孩子還沒出生、任何嬰兒用品還沒購買前，間接的育兒成本已經產生。

為了避免新生兒猝死，英國醫界大力推廣讓北鼻睡在自己的小床，以防大人不小心在睡夢中翻身壓死嬰兒，或在無意間用棉被或枕頭蒙住嬰兒的頭造成窒息的憾事。

生產完出院的第一天，醫院會千叮萬囑，要新手父母特別留意嬰兒的睡眠場所。買張安全耐用的嬰兒床，就成了準父母迎接新生兒的第一件必備品。嬰兒床售價從一百多英鎊到五、六百英鎊都有，換算成新臺幣就是從幾千塊到兩萬多元的選擇都有，端看父母的預算和品味。

除了嬰兒床，英國也流行買嬰兒搖籃。嬰兒床對剛出生的嫩嬰來說太大，而嬰兒搖籃不僅小巧，搖晃的感覺也有助於入睡。搖籃售價比較低，在幾十英鎊到一百多英鎊間，但使用壽命很短，嬰兒三、四個月大會翻身後，基於安全考量，通常不適合繼續使用下去。

〃新手父母必備品——嬰兒推車

除了嬰兒床以外，嬰兒推車也是準父母為嫩嬰投資的一大開銷。

英國的嬰兒推車市場非常大，產品售價範圍也非常廣，從基本款的一百多英鎊到多功能款的好幾百英鎊都有，尤其是幾個嬰兒推車界的萊斯勞斯，像iCandy、Bugaboo等主打美形和舒適的名牌，一臺售價超過上千英鎊也是常有的事。雖然售價不菲，但一臺好的推車很重要。在英國走路機會非常多，好推、耐用的推車不但能避免父母抱孩子抱成「鐵手」，回到英國人最在意的獨立性，出門使用推車而不是嬰兒背帶，孩子比較不會像無尾熊一直黏在爸媽身上，而是從小就習慣在自己的小天地裡看世界，藉此培養獨立自主的人格特質。

我生長子小龍包以前，從來不知道原來嬰兒推車也有好多學問，尤其在英國這嬰兒推車天堂，選擇更是多到令人眼花！以下粗分為四種：

Pram

類似會移動的搖籃，推推車時媽咪和北鼻可以互看，適合剛出生的嫩嬰。

小龍包的第一臺推車就是這種。記得當時每天出門推著剛出生的小龍包，邊走邊和他互看，真是初為人母的我人生中最新鮮又最温馨的時刻。

Pushchair

當北鼻漸漸長大，就是轉換到 pushchair 的時機。pushchair 是面朝外的設計，嬰兒可以盡情看路上的風景，缺點是會好奇到捨不得睡著，最後不得不睡時整個累趴。

Double／Tandem pushchairs

一個推車兩個座椅的設計，適合雙胞胎或兩個年紀差不多的北鼻，在英國十分常見，也是雙寶父母的救星，讓一打二上街出門變得好輕鬆。

Stroller

算是輕便款的 pushchair，適合較大的幼童。有時在英國看到已經會走路的三歲兒童因為懶得走路，賴在推車裡讓家人推著，我都有一種「他是皇上」的感覺。小時候看的古裝劇裡，皇帝都是坐在轎子裡讓人抬著走，而賴在 stroller 裡的英國屁孩也給我這種印象。

還好我家龍包自從會走路後就恨不得自己追趕跑跳，大概在他一歲半時，推車就被我們收進倉庫，再也沒有用武之地。

最可怕的開銷——托嬰費

除了以上兩項開支較大的物品，其他林林總總的消耗品像配方奶、尿布、濕紙巾、沐浴用品、嬰兒副食品、玩具、衣服等，全部加起來也是一筆不可小覷的費用，所以不難理解為何MoneySuperMarket的統計數字，在零到三歲階段不含托嬰開銷就高達五千多英鎊。

但其實，在英國最驚人的是托嬰開銷。英國的人工成本很高，無論僱用保母或送去托兒所，這筆費用會讓大部分人感到非常沉重。

根據統計，父母都有全職工作的英國雙薪家庭，平均每週會花二百五十二英鎊（約新臺幣一萬元）在支付托兒所或僱用保母，也就是一個孩子平均每月的托嬰開銷就高達新臺幣四萬元。如果家裡有一個以上的小孩，這筆開銷很可能會超過爸爸或媽媽的月薪，所以很多家庭會選擇乾脆讓父母其中一人辭掉工作，專心在家帶孩子，這樣還比較省錢。

明明知道托嬰成本高，英國人還是會普遍花大錢在找保母或托兒所上，這和當地要求人人獨立的文化背景也有很大關係。英國不像許多亞洲國家，有家中長輩幫忙照顧孫子的傳統，大部分英國人不會期待或希望父母幫忙照顧小孩，自己的孩子自己負責本來就是天經地義的事。英國老年人也不會主動把照顧孫子的重任往身上攬，他們有自己的退休生活要過，有自己的計畫要安排，除非特殊情況，否則不太可能自願被孫子綁住。

英國雙薪家庭如果有零到三歲的孩子，大部分會燒錢給托兒所或保母至少兩年。英國育嬰假是一年，如果父母雙方年薪都不超過十萬英鎊（約新臺幣四百萬元），孩子滿三歲才能領到政府補助的托兒所津貼，所以小孩一到三歲期間，許多英國雙薪家庭都有一段「陣痛期」要度過。畢竟每個月一千多英鎊（約新臺幣四萬多元）的育兒開銷，加上原本就要負擔的房租或房貸、水電瓦斯費、網路費、地方稅、伙食費、交通費等，如果雙方年薪加起來沒有超過四萬英鎊（約新臺幣一百六十萬元），生活大概非常艱難。

在此奉勸各位，在英國養孩子不易，「做人」前請三思。當然，這裡說的是自然懷孕下的育兒開銷。

根據統計，英國約有三百五十萬人受到不孕症所苦，比例是每七對夫妻就有一對有此困擾。如果想透過人工受孕的方式懷孕，在英國做一次療程的費用平均是五千英鎊（約新臺幣二十萬元），如果一次療程沒成功，費用則要繼續往上加。而如果因為任何特殊原因，女方必須透過凍卵的方式來生孩子，這筆開銷在英國的平均花費是四千八百五十英鎊（約新臺幣十九萬元），加上儲存費一年約三百五十英鎊（約新臺幣一萬四千元），也是一筆不容小覷的費用。

看到這裡，雖然孩子還沒生下來，已經開始覺得荷包突然變得很沉重嗎？別擔心！貼心的MoneySuperMarket也「順便」調查了養一隻狗的平均開銷，一共是一萬八千七百英鎊（約新臺幣七十五萬元），提供給因為龐大的育兒費用而不敢生孩子的人參考（有沒有這麼周到）。

Mrs Reader's Notes

讀者太太的人妻真心話筆記

◊ 西方社會認為人是獨立的個體，反映在育兒上就是一出生便和父母分房睡，因此有個夠大的房子也成了隱形的育兒成本。

◊ 英國家庭沒有長輩幫忙照顧孫子的傳統，根據統計，雙薪家庭平均每月會花新臺幣四萬元支付托兒所或保母費用（指一個孩子的前提下）。

Epilogue

結語——勇敢去愛，雖然生活不像電影

結婚十年多，我必須老實說，我常常有想把讀者先生的嘴塞住的時候，因為用英文吵架吵不贏他，動手也不是我的風格（其實是知道自己打不過），相信他腦海裡一定也經常出現這個念頭。但沒辦法啊！人和人相處就是不斷摩擦再磨合，和另一半相處是這樣，和自己的父母也是如此。

每次有人問我維繫婚姻的祕訣，我總是開玩笑說就是「忍耐」兩個字，雖然是玩笑話，但也未嘗不是提醒自己退一步，留點空間從對方的觀點來看事情。

如果真的很生氣，氣到沒辦法忍耐的時候，我會問自己：如果我可以從鄰居、同事的角度來思考，而不去計較他們惹毛我的地方，為什麼對我愛的另一半卻做不到呢？畢竟人總是容易犯了對親近的人比較苛刻的錯，覺得他們就是應該無條件禮讓自己，反而忘了對最親密的人更需要耐心和同理心。

除了忍耐，我也認為適時讓另一半「笑」是一件很重要的事，或許聽起來很容易，實際上卻需要一點努力與技巧。

日常生活是一把殺豬刀，即使你嫁的是喜劇天王金．凱瑞，在柴米油鹽的催化下，聽到再好笑的哏也會漸漸變得麻木。我不是要嚇唬還沒結婚的讀者，但我用自己結婚十年的經驗向大家坦承：這是真的！所以偶爾製造一點新鮮感，讓對方在平淡的生活中時不時露出一抹微笑，提醒對方：你看！我雖然常碎唸你襪子亂丟、東西亂放，但我其實還是那個N年前因為你的笑話笑到花枝亂顫的女孩哦！

最後一點，也是最關鍵的一點，就是「互相扶持」。

讀者先生因為是半個音樂人，每天不是花很多時間練習吹薩克斯風，就是忙於錄製專輯；當他有演出時，我更是直接變成偽單親，獨自在家照顧小龍包和小龍女。同樣的，我下班時間比較晚，他會一肩挑起照顧兩兄妹和煮晚餐的責任，我每天回到家，熱騰騰的飯菜已經放在桌上；我的工作經常需要出差，每次至少一星期，這時候就換老爺變成偽單親，一個人當爸又當媽。

我們從不曾抱怨對方，因為我們相信那些事對另一半很重要，而且我們心存感謝，知道這些付出是另一半支持我們夢想的表現。對我來說，這是婚姻生活中最浪漫的事。

儘管異國婚姻不是好萊塢電影，而是平凡寫實的紀錄片，我還是鼓勵所有正在朝異國婚姻邁進的準新人們勇敢去愛。唯有當親身經歷過，才會了解婚姻中最重要的事，不是婚禮辦得多奢華，也不是月子中心幾星級，而是兩顆真誠的心，願意分享彼此的成功和喜悅，更願意互相妥協，並在必要的時候各退一步。

這本書獻給所有已經在婚姻中，或即將踏入婚姻的人，讓我們一起共勉。

讀者太太 Mrs Reader

讀者太太解鎖跨文化婚姻：
從兩個人相愛，到兩個世界相融的 28 個真心建議

The Truth is... A misguide to a successful cross-cultural marriage

作者　讀者太太 Mrs Reader
主編　陳子逸
設計　許紘維
校對　渣渣

發行人　王榮文
出版發行　遠流出版事業股份有限公司
104 臺北市中山北路一段 11 號 13 樓
電話／(02) 2571-0297
傳真／(02) 2571-0197
劃撥／0189456-1
著作權顧問　蕭雄淋律師

初版一刷　2022 年 5 月 1 日
定價　新臺幣 380 元
ISBN　978-957-32-9506-8

有著作權，侵害必究
Printed in Taiwan

YLib.com 遠流博識網　http://www.ylib.com
Email: ylib@ylib.com

國家圖書館出版品預行編目（CIP）資料

讀者太太解鎖跨文化婚姻：從兩個人相愛，到兩個世界相融的 28 個真心建議
讀者太太 Mrs Reader 著
初版；臺北市；遠流出版事業股份有限公司；2022.05
288 面；14.8 × 21 公分
ISBN：978-957-32-9506-8（平裝）

1. 異國婚姻　2. 文化

544.38　111004167